100 TIMED TESTS

Addition and Subtraction

This book belongs to:

Created by
Lucas & Friends

☆ Thank you for your purchase ☆

This book is designed to aid your kids in learning addition, subtraction, and advancing their mathematical expertise while having fun and engaging experiences.

Contact us: www.rvappstudios.com

Copyright © 2023 Lucas & Friends by RV AppStudios

All rights reserved.

No portion of the book may be duplicated, saved in a database, or transmitted using any technology without the publisher's prior written consent or as specifically authorized by law, a license, or terms negotiated with the relevant body that manages reproduction rights (U.S. Copyright Law).

First paperback edition **April 2023**

Designed by: RV AppStudios Team

ISBN: 9781960790118

About us

·· • ··

We create amazing children educational books for babies, toddlers, and little kids. Lucas & Friends by RV AppStudios is one of largest children's mobile app developers in the world. Over 150 million kids will play with our apps this year, and that's for free and with no ads.

Test 1

Date: _____ Time: _____ Score: _____ /35

Name: _____

Adding digits 0-5

1. 1 + 1 = 2
2. 2 + 1 = 3
3. 2 + 2 = 4
4. 4 + 1 = 5
5. 3 + 1 = 4
6. 3 + 3 =
7. 4 + 2 =
8. 5 + 4 =
9. 1 + 5 =
10. 1 + 2 =
11. 3 + 2 =
12. 5 + 3 =
13. 2 + 4 =
14. 4 + 3 =
15. 5 + 5 =
16. 1 + 3 =
17. 2 + 5 =
18. 4 + 5 =
19. 3 + 4 =
20. 5 + 1 =
21. 1 + 4 =
22. 5 + 2 =
23. 2 + 3 =
24. 3 + 5 =
25. 2 + 1 =
26. 4 + 4 =
27. 5 + 1 =
28. 4 + 2 =
29. 1 + 3 =
30. 4 + 1 =
31. 2 + 2 =
32. 3 + 4 =
33. 3 + 5 =
34. 1 + 4 =
35. 5 + 2 =

Test 2

Date: _____   Time: _____   Score: _____/35

Name: _____

Adding digits 0-5

1. 3 + 2 = 5	2. 2 + 2 = 4	3. 1 + 3 = 4	4. 1 + 1 = 2	5. 4 + 2 = 6
6. 3 + 3 = ☐	7. 2 + 1 = ☐	8. 1 + 4 = ☐	9. 1 + 2 = ☐	10. 5 + 1 = ☐
11. 1 + 5 = ☐	12. 2 + 5 = ☐	13. 2 + 3 = ☐	14. 5 + 3 = ☐	15. 3 + 4 = ☐
16. 4 + 3 = ☐	17. 3 + 1 = ☐	18. 4 + 5 = ☐	19. 2 + 4 = ☐	20. 5 + 2 = ☐
21. 3 + 0 = ☐	22. 3 + 5 = ☐	23. 1 + 5 = ☐	24. 4 + 1 = ☐	25. 2 + 0 = ☐
26. 5 + 4 = ☐	27. 4 + 4 = ☐	28. 3 + 3 = ☐	29. 5 + 5 = ☐	30. 2 + 3 = ☐
31. 5 + 3 = ☐	32. 2 + 4 = ☐	33. 4 + 3 = ☐	34. 5 + 4 = ☐	35. 3 + 1 = ☐

Test 5

Date: _____ Time: _____ Score: _____ /48

Name: _____

Adding digits 0-7

1. 6 + 1	2. 5 + 4	3. 7 + 2	4. 5 + 3	5. 4 + 0	6. 4 + 4
7. 3 + 1	8. 6 + 4	9. 2 + 1	10. 7 + 1	11. 7 + 4	12. 6 + 5
13. 7 + 5	14. 4 + 1	15. 3 + 1	16. 5 + 2	17. 6 + 4	18. 4 + 2
19. 2 + 1	20. 7 + 6	21. 4 + 3	22. 5 + 1	23. 7 + 7	24. 3 + 2
25. 6 + 2	26. 7 + 5	27. 4 + 5	28. 6 + 3	29. 2 + 0	30. 7 + 3
31. 5 + 5	32. 5 + 4	33. 7 + 2	34. 6 + 2	35. 4 + 4	36. 5 + 2
37. 6 + 3	38. 3 + 2	39. 4 + 1	40. 6 + 5	41. 7 + 3	42. 6 + 1
43. 7 + 4	44. 4 + 3	45. 6 + 6	46. 4 + 2	47. 5 + 1	48. 7 + 1

Test 6

Date: _____ Time: _____ Score: _____ /48

Name: _____

Adding digits 0-7

#		#		#		#		#		#	
1	7 + 2	2	6 + 3	3	5 + 3	4	7 + 5	5	2 + 4	6	4 + 2
7	5 + 2	8	3 + 2	9	4 + 5	10	5 + 7	11	1 + 6	12	6 + 4
13	3 + 3	14	7 + 3	15	4 + 1	16	6 + 6	17	5 + 5	18	7 + 1
19	3 + 7	20	6 + 5	21	1 + 2	22	7 + 4	23	3 + 4	24	4 + 3
25	2 + 7	26	6 + 1	27	1 + 5	28	2 + 1	29	6 + 7	30	2 + 2
31	1 + 7	32	4 + 6	33	0 + 3	34	3 + 6	35	5 + 6	36	2 + 5
37	1 + 4	38	3 + 5	39	2 + 3	40	1 + 3	41	3 + 1	42	7 + 6
43	4 + 7	44	5 + 1	45	2 + 6	46	1 + 1	47	7 + 7	48	5 + 4

Test 7

Date: _____ Time: _____ Score: _____ /48

Name: _____

Adding digits 0-7

1. 2 + 2
2. 7 + 1
3. 5 + 5
4. 6 + 7
5. 1 + 3
6. 5 + 4
7. 7 + 2
8. 4 + 1
9. 5 + 3
10. 7 + 6
11. 2 + 1
12. 6 + 6
13. 3 + 5
14. 5 + 2
15. 7 + 5
16. 4 + 5
17. 3 + 4
18. 2 + 6
19. 6 + 3
20. 4 + 4
21. 3 + 6
22. 2 + 5
23. 6 + 2
24. 3 + 3
25. 5 + 7
26. 1 + 4
27. 6 + 5
28. 2 + 7
29. 3 + 2
30. 6 + 1
31. 5 + 6
32. 2 + 3
33. 4 + 7
34. 5 + 1
35. 3 + 7
36. 1 + 5
37. 4 + 2
38. 7 + 3
39. 6 + 4
40. 1 + 7
41. 4 + 6
42. 2 + 4
43. 1 + 2
44. 4 + 3
45. 7 + 7
46. 3 + 1
47. 1 + 6
48. 7 + 4

Test 8

Date: _____ Time: _____ Score: _____ /48

Name: _____

Adding digits 0-7

1. 7 + 3 =
2. 6 + 3 =
3. 3 + 1 =
4. 5 + 1 =
5. 4 + 6 =
6. 1 + 1 =
7. 2 + 3 =
8. 5 + 2 =
9. 2 + 7 =
10. 3 + 5 =
11. 7 + 7 =
12. 1 + 3 =
13. 4 + 0 =
14. 6 + 6 =
15. 7 + 5 =
16. 5 + 3 =
17. 3 + 4 =
18. 2 + 1 =
19. 1 + 2 =
20. 4 + 7 =
21. 6 + 5 =
22. 1 + 7 =
23. 5 + 5 =
24. 2 + 2 =
25. 3 + 6 =
26. 1 + 6 =
27. 7 + 6 =
28. 2 + 5 =
29. 3 + 3 =
30. 5 + 7 =
31. 4 + 2 =
32. 7 + 2 =
33. 1 + 4 =
34. 3 + 7 =
35. 5 + 6 =
36. 4 + 4 =
37. 7 + 1 =
38. 5 + 4 =
39. 6 + 4 =
40. 2 + 6 =
41. 3 + 2 =
42. 1 + 5 =
43. 4 + 5 =
44. 6 + 7 =
45. 7 + 4 =
46. 2 + 4 =
47. 4 + 3 =
48. 6 + 1 =

Test 9

Date: _____ Time: _____ Score: _____ /48

Name: _____

Adding digits 0-9

#	Problem	#	Problem	#	Problem	#	Problem	#	Problem	#	Problem
1	3 + 1	2	9 + 3	3	3 + 3	4	6 + 2	5	8 + 0	6	1 + 1
7	5 + 3	8	7 + 4	9	4 + 2	10	5 + 4	11	8 + 5	12	9 + 4
13	4 + 4	14	9 + 6	15	6 + 5	16	8 + 4	17	9 + 5	18	7 + 5
19	2 + 1	20	8 + 8	21	9 + 4	22	4 + 3	23	5 + 1	24	9 + 1
25	5 + 2	26	9 + 8	27	3 + 2	28	7 + 1	29	6 + 6	30	9 + 2
31	2 + 2	32	6 + 1	33	8 + 3	34	7 + 2	35	8 + 2	36	9 + 6
37	8 + 6	38	4 + 1	39	8 + 7	40	6 + 3	41	9 + 7	42	7 + 3
43	9 + 9	44	6 + 4	45	5 + 5	46	7 + 7	47	7 + 6	48	9 + 5

Test 10

Date: _____ Time: _____ Score: _____ /48

Name: _____

Adding digits 0-9

1. 4 + 7	2. 3 + 4	3. 4 + 9	4. 6 + 8	5. 5 + 6	6. 7 + 2
7. 6 + 7	8. 3 + 9	9. 8 + 8	10. 7 + 7	11. 3 + 6	12. 7 + 6
13. 8 + 4	14. 7 + 3	15. 2 + 4	16. 6 + 9	17. 6 + 4	18. 9 + 3
19. 8 + 5	20. 4 + 4	21. 8 + 9	22. 3 + 7	23. 6 + 6	24. 7 + 9
25. 8 + 7	26. 5 + 5	27. 2 + 7	28. 9 + 2	29. 5 + 7	30. 8 + 3
31. 2 + 3	32. 9 + 4	33. 2 + 9	34. 7 + 8	35. 4 + 8	36. 5 + 9
37. 6 + 5	38. 2 + 8	39. 4 + 5	40. 8 + 2	41. 2 + 6	42. 8 + 6
43. 2 + 5	44. 3 + 8	45. 4 + 6	46. 5 + 8	47. 6 + 0	48. 3 + 5

Test 11

Date: _____   Time: _____

Name: _____

Color by addition

5+5	1+7	4+6	8+3	10+2
8+1	5+1	4+8	4+4	3+4
5+3	6+5	5+1	9+3	4+2
5+4	5+2	2+4	3+3	10+1
8+4	3+3	5+6	8+3	7+5
6+2	9+4	6+6		

YELLOW - 6 **GREEN - 7** **BLUE - 8** **ORANGE - 9**
PURPLE - 10 **PINK - 11** **RED - 12** **BROWN - 13**

Test 12

Date: _____ Time: _____ Score: _____ /48

Name: _____

Adding digits 0-9

1. 3 + 2 =
2. 5 + 4 =
3. 6 + 3 =
4. 4 + 2 =
5. 7 + 5 =
6. 9 + 8 =
7. 8 + 5 =
8. 8 + 1 =
9. 9 + 4 =
10. 7 + 3 =
11. 9 + 2 =
12. 6 + 1 =
13. 8 + 8 =
14. 5 + 3 =
15. 7 + 2 =
16. 6 + 5 =
17. 3 + 0 =
18. 8 + 4 =
19. 9 + 1 =
20. 4 + 3 =
21. 6 + 2 =
22. 8 + 7 =
23. 5 + 1 =
24. 7 + 7 =
25. 5 + 2 =
26. 9 + 9 =
27. 8 + 6 =
28. 7 + 6 =
29. 8 + 2 =
30. 9 + 6 =
31. 7 + 4 =
32. 4 + 4 =
33. 9 + 5 =
34. 6 + 6 =
35. 3 + 3 =
36. 5 + 5 =
37. 2 + 2 =
38. 6 + 4 =
39. 5 + 0 =
40. 7 + 1 =
41. 9 + 7 =
42. 9 + 3 =
43. 8 + 7 =
44. 5 + 4 =
45. 7 + 5 =
46. 4 + 2 =
47. 9 + 8 =
48. 6 + 3 =

Test 13

Date: _____ **Time:** _____ **Score:** ____/48

Name: _____

Adding digits 0-9

1. 2 + 4 =
2. 6 + 2 =
3. 1 + 1 =
4. 2 + 2 =
5. 3 + 2 =
6. 5 + 6 =
7. 9 + 2 =
8. 6 + 7 =
9. 8 + 4 =
10. 8 + 8 =
11. 2 + 3 =
12. 7 + 7 =
13. 5 + 1 =
14. 2 + 5 =
15. 6 + 6 =
16. 3 + 6 =
17. 3 + 3 =
18. 7 + 6 =
19. 9 + 5 =
20. 5 + 2 =
21. 5 + 7 =
22. 5 + 4 =
23. 1 + 7 =
24. 5 + 5 =
25. 2 + 7 =
26. 4 + 0 =
27. 4 + 2 =
28. 4 + 5 =
29. 8 + 2 =
30. 8 + 8 =
31. 8 + 1 =
32. 1 + 8 =
33. 1 + 2 =
34. 6 + 8 =
35. 7 + 7 =
36. 4 + 9 =
37. 1 + 6 =
38. 1 + 4 =
39. 9 + 6 =
40. 7 + 4 =
41. 8 + 0 =
42. 7 + 1 =
43. 3 + 7 =
44. 9 + 7 =
45. 2 + 1 =
46. 2 + 0 =
47. 3 + 8 =
48. 6 + 5 =

Test 14

Date: _____ Time: _____ Score: _____ /48

Name: _____

Adding digits 0-9

#		#		#		#		#		#	
1	4 + 1	2	5 + 5	3	4 + 3	4	4 + 6	5	2 + 2	6	6 + 1
7	4 + 7	8	6 + 9	9	4 + 4	10	3 + 0	11	7 + 5	12	8 + 9
13	5 + 8	14	1 + 9	15	8 + 5	16	4 + 8	17	9 + 9	18	9 + 0
19	7 + 8	20	3 + 1	21	8 + 6	22	9 + 3	23	1 + 3	24	7 + 9
25	8 + 4	26	7 + 3	27	9 + 1	28	8 + 7	29	5 + 3	30	5 + 9
31	2 + 9	32	3 + 5	33	9 + 8	34	9 + 4	35	1 + 1	36	2 + 6
37	3 + 4	38	2 + 8	39	6 + 6	40	6 + 0	41	6 + 4	42	6 + 3
43	3 + 9	44	2 + 3	45	8 + 3	46	7 + 2	47	1 + 5	48	7 + 1

Test 15

Date: _____ Time: _____ Score: _____ /48

Name: _____

Adding digits 0-9

#		#		#		#		#		#	
1	7 + 3	2	3 + 4	3	8 + 8	4	4 + 4	5	5 + 7	6	5 + 8
7	6 + 5	8	8 + 4	9	8 + 7	10	7 + 7	11	5 + 3	12	7 + 8
13	6 + 4	14	3 + 2	15	4 + 7	16	4 + 6	17	9 + 3	18	1 + 5
19	4 + 5	20	2 + 2	21	3 + 3	22	2 + 4	23	8 + 5	24	9 + 2
25	1 + 3	26	2 + 3	27	7 + 5	28	2 + 6	29	7 + 4	30	5 + 4
31	4 + 3	32	2 + 8	33	3 + 6	34	3 + 8	35	6 + 6	36	8 + 6
37	7 + 6	38	2 + 5	39	8 + 3	40	9 + 7	41	9 + 4	42	5 + 9
43	9 + 8	44	2 + 2	45	4 + 4	46	7 + 9	47	9 + 9	48	9 + 5

Test 16

Date: _____ Time: _____ Score: _____/48

Name: _____ Adding digits 0-15

#		#		#		#		#		#	
1	10 + 2	2	11 + 1	3	12 + 3	4	13 + 4	5	12 + 5	6	15 + 3
7	13 + 6	8	12 + 7	9	10 + 4	10	12 + 4	11	10 + 7	12	13 + 1
13	11 + 8	14	14 + 3	15	13 + 5	16	10 + 1	17	11 + 6	18	11 + 4
19	10 + 4	20	10 + 9	21	13 + 2	22	14 + 0	23	11 + 5	24	11 + 3
25	12 + 1	26	10 + 3	27	11 + 8	28	10 + 8	29	10 + 6	30	12 + 6
31	14 + 5	32	15 + 2	33	11 + 2	34	12 + 2	35	13 + 3	36	15 + 4
37	15 + 1	38	10 + 5	39	14 + 4	40	14 + 1	41	12 + 5	42	11 + 7
43	13 + 1	44	15 + 2	45	11 + 6	46	11 + 4	47	10 + 5	48	14 + 2

| | Date: _____ | Time: _____ | Score: _____ /24 |

Test 17

Name:_____

Fun flower addition

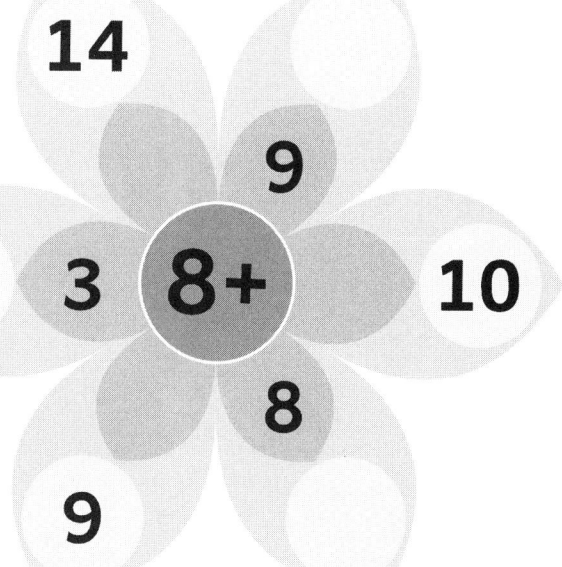

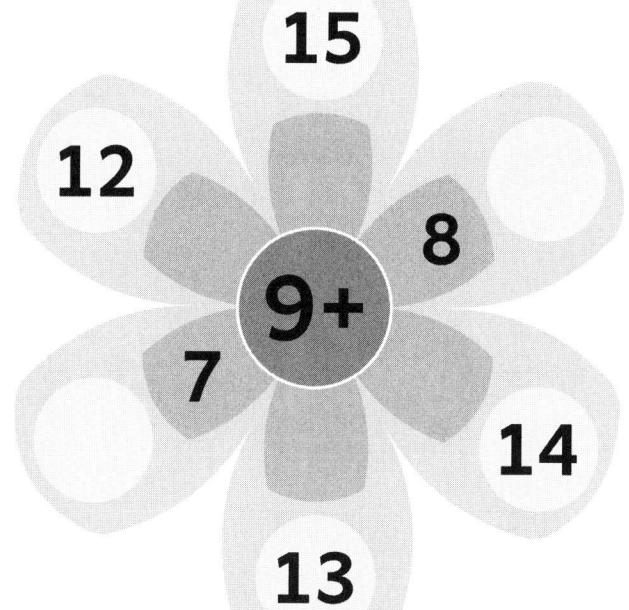

Flower 1: 2+
- 6
- 10
- 3
- 8
- 1
- 2
- 4

Flower 2: 5+
- 6
- 5
- 8
- 3
- 2
- 4
- 6

Flower 3: 8+
- 14
- 9
- 3
- 10
- 8
- 9

Flower 4: 9+
- 15
- 12
- 8
- 7
- 14
- 13

Test 18

Date: _____ Time: _____ Score: _____ /48

Name: _____ Adding digits 1-20

#		#		#		#		#		#	
1	17 + 4	2	13 + 7	3	19 + 3	4	19 + 4	5	19 + 1	6	16 + 6
7	18 + 6	8	17 + 5	9	19 + 6	10	16 + 5	11	15 + 7	12	18 + 8
13	19 + 9	14	17 + 7	15	14 + 9	16	18 + 3	17	18 + 9	18	15 + 6
19	19 + 7	20	16 + 4	21	17 + 8	22	14 + 6	23	16 + 9	24	15 + 5
25	11 + 9	26	15 + 8	27	17 + 3	28	14 + 9	29	16 + 7	30	17 + 9
31	18 + 4	32	13 + 9	33	12 + 8	34	18 + 9	35	18 + 2	36	19 + 2
37	12 + 9	38	18 + 5	39	13 + 8	40	18 + 7	41	17 + 5	42	15 + 9
43	16 + 8	44	14 + 7	45	19 + 8	46	14 + 8	47	17 + 6	48	19 + 5

Test 19

Date: _____ Time: _____ Score: _____ /48

Name: _____

Adding digits 1-20

#		#		#		#		#		#	
1	14 + 1	2	11 + 4	3	10 + 9	4	12 + 5	5	12 + 7	6	10 + 6
7	15 + 4	8	20 + 3	9	14 + 3	10	10 + 2	11	15 + 2	12	10 + 1
13	13 + 3	14	11 + 2	15	15 + 3	16	20 + 8	17	12 + 1	18	14 + 2
19	10 + 4	20	13 + 2	21	13 + 5	22	20 + 5	23	13 + 6	24	10 + 8
25	13 + 1	26	11 + 6	27	11 + 8	28	10 + 5	29	14 + 4	30	12 + 4
31	16 + 2	32	20 + 2	33	20 + 6	34	12 + 3	35	16 + 3	36	11 + 1
37	11 + 7	38	11 + 5	39	14 + 5	40	17 + 1	41	20 + 1	42	13 + 4
43	17 + 2	44	12 + 6	45	10 + 7	46	18 + 1	47	11 + 3	48	12 + 2

Test 20

Date: _____ Time: _____ Score: _____ /48

Name: _____

Adding digits 5-20

1. 5 + 6 =
2. 13 + 8 =
3. 19 + 7 =
4. 8 + 8 =
5. 15 + 6 =
6. 17 + 6 =
7. 9 + 8 =
8. 19 + 9 =
9. 11 + 9 =
10. 16 + 7 =
11. 7 + 7 =
12. 18 + 6 =
13. 15 + 7 =
14. 6 + 8 =
15. 9 + 9 =
16. 13 + 9 =
17. 18 + 5 =
18. 14 + 9 =
19. 5 + 9 =
20. 16 + 6 =
21. 13 + 7 =
22. 18 + 8 =
23. 9 + 6 =
24. 17 + 9 =
25. 6 + 6 =
26. 19 + 5 =
27. 15 + 8 =
28. 12 + 8 =
29. 16 + 9 =
30. 8 + 5 =
31. 12 + 9 =
32. 17 + 8 =
33. 5 + 8 =
34. 16 + 5 =
35. 15 + 9 =
36. 7 + 9 =
37. 14 + 8 =
38. 19 + 6 =
39. 17 + 5 =
40. 7 + 6 =
41. 14 + 6 =
42. 8 + 7 =
43. 17 + 7 =
44. 18 + 9 =
45. 14 + 7 =
46. 6 + 9 =
47. 16 + 8 =
48. 19 + 8 =

Test 21

Date: _____ **Time:** _____ **Score:** _____ /48

Name: _____ **Adding digits 5-15**

#		#		#		#		#		#	
1	5 + 6	2	12 + 6	3	15 + 6	4	9 + 7	5	11 + 8	6	8 + 7
7	14 + 8	8	15 + 7	9	8 + 5	10	13 + 6	11	7 + 5	12	11 + 7
13	9 + 8	14	10 + 9	15	7 + 6	16	9 + 6	17	10 + 5	18	15 + 5
19	7 + 8	20	6 + 9	21	9 + 5	22	10 + 7	23	13 + 5	24	5 + 7
25	14 + 7	26	10 + 8	27	6 + 6	28	14 + 6	29	10 + 6	30	7 + 9
31	6 + 5	32	15 + 8	33	7 + 7	34	13 + 8	35	12 + 7	36	12 + 8
37	8 + 8	38	14 + 9	39	13 + 7	40	12 + 5	41	13 + 9	42	11 + 9
43	9 + 9	44	11 + 5	45	11 + 6	46	15 + 9	47	14 + 5	48	12 + 9

Test 22

Date: _____ Time: _____ Score: _____ /48

Name: _____

Adding digits 10-20

#		#		#		#		#		#	
1	15 +12	2	12 +13	3	17 +11	4	13 +16	5	11 +12	6	16 +10
7	11 +14	8	12 +17	9	15 +13	10	12 +11	11	14 +15	12	14 +20
13	15 +20	14	12 +14	15	13 +14	16	11 +18	17	13 +13	18	15 +11
19	10 +18	20	14 +13	21	13 +11	22	17 +12	23	11 +17	24	10 +20
25	11 +15	26	13 +12	27	12 +15	28	16 +12	29	10 +15	30	18 +11
31	12 +12	32	11 +11	33	19 +10	34	16 +13	35	13 +15	36	18 +20
37	14 +11	38	11 +13	39	18 +10	40	14 +12	41	15 +14	42	20 +20
43	14 +14	44	11 +16	45	12 +10	46	12 +16	47	16 +11	48	17 +20

| Test 23 | Date: _____ | Time: _____ | Score: _____ /12 |

Name: _____

Add the numbers on the path

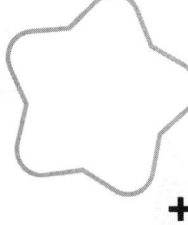

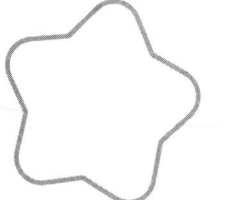

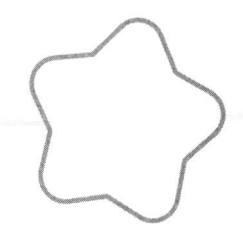

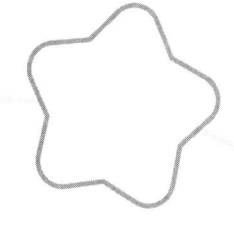

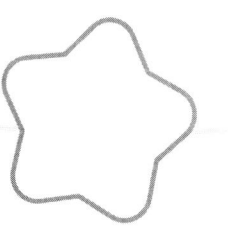

1 +4 ○ +5 ○ +2 12 +1 ○ +5 ○ +4 ○ +2

24 +3 ○ +1 28 +5 ○ +4

○ +3 40 +1 ○ +2 ○

+1

44 +2 ○ +4 50 +10

Test 24

Date: _____ Time: _____ Score: _____ /48

Name: _____

Adding digits 11-20

#		#		#		#		#		#	
1	14 +16	2	17 +17	3	12 +19	4	19 +18	5	15 +17	6	18 +16
7	16 +19	8	17 +14	9	19 +16	10	18 +14	11	16 +14	12	19 +12
13	18 +19	14	15 +18	15	19 +15	16	16 +18	17	17 +16	18	15 +15
19	18 +18	20	19 +18	21	16 +17	22	18 +12	23	17 +15	24	19 +19
25	13 +18	26	17 +13	27	15 +19	28	18 +15	29	13 +19	30	18 +17
31	16 +16	32	12 +18	33	19 +17	34	16 +15	35	18 +13	36	17 +18
37	19 +11	38	14 +19	39	16 +14	40	17 +19	41	14 +17	42	13 +17
43	19 +13	44	15 +16	45	14 +18	46	11 +19	47	13 +18	48	19 +14

Test 25

Date: _____ Time: _____ Score: _____ /48

Name: _____ Adding digits 11-20

1. 12 +11
2. 15 +12
3. 17 +13
4. 16 +12
5. 18 +14
6. 13 +11
7. 20 +18
8. 16 +13
9. 17 +15
10. 16 +15
11. 13 +12
12. 19 +18
13. 18 +11
14. 19 +13
15. 18 +15
16. 20 +15
17. 19 +11
18. 14 +12
19. 17 +11
20. 19 +12
21. 14 +13
22. 17 +12
23. 16 +11
24. 18 +16
25. 20 +11
26. 18 +13
27. 20 +16
28. 18 +12
29. 17 +16
30. 15 +14
31. 20 +15
32. 17 +14
33. 19 +15
34. 14 +11
35. 20 +17
36. 18 +17
37. 16 +14
38. 20 +19
39. 13 +11
40. 19 +17
41. 20 +14
42. 20 +13
43. 15 +13
44. 19 +14
45. 15 +11
46. 18 +16
47. 20 +12
48. 19 +16

Test 26

Date: _____ Time: _____ Score: _____ /48

Name: _____

Adding digits 11-20

#		#		#		#		#		#	
1	15 +20	2	11 +15	3	13 +17	4	18 +19	5	16 +19	6	12 +15
7	13 +15	8	15 +17	9	14 +15	10	16 +17	11	11 +20	12	14 +19
13	18 +20	14	13 +16	15	13 +19	16	13 +20	17	17 +19	18	12 +16
19	11 +19	20	11 +13	21	11 +17	22	12 +15	23	12 +13	24	13 +18
25	14 +20	26	16 +17	27	17 +20	28	13 +14	29	15 +16	30	12 +20
31	12 +18	32	11 +12	33	15 +18	34	12 +19	35	17 +19	36	11 +18
37	14 +18	38	12 +14	39	14 +16	40	11 +16	41	15 +19	42	16 +20
43	17 +18	44	16 +18	45	14 +17	46	19 +20	47	11 +14	48	12 +17

Test 27

Date: _____ Time: _____ Score: _____ /48

Name: _____

Adding digits 11-20

1. 12 + 12 =
2. 17 + 11 =
3. 12 + 19 =
4. 15 + 13 =
5. 20 + 12 =
6. 18 + 20 =
7. 18 + 12 =
8. 13 + 20 =
9. 19 + 16 =
10. 15 + 17 =
11. 20 + 19 =
12. 13 + 11 =
13. 16 + 18 =
14. 17 + 17 =
15. 17 + 20 =
16. 19 + 20 =
17. 13 + 12 =
18. 12 + 15 =
19. 19 + 15 =
20. 13 + 18 =
21. 11 + 12 =
22. 14 + 17 =
23. 18 + 11 =
24. 15 + 12 =
25. 20 + 20 =
26. 12 + 18 =
27. 16 + 15 =
28. 15 + 18 =
29. 20 + 14 =
30. 18 + 13 =
31. 12 + 14 =
32. 19 + 13 =
33. 16 + 19 =
34. 15 + 15 =
35. 15 + 20 =
36. 19 + 17 =
37. 20 + 13 =
38. 13 + 14 =
39. 16 + 12 =
40. 13 + 17 =
41. 17 + 19 =
42. 16 + 16 =
43. 11 + 14 =
44. 17 + 12 =
45. 18 + 14 =
46. 15 + 16 =
47. 14 + 11 =
48. 19 + 12 =

Test 28

Date: _____ Time: _____ Score: _____ /48

Name: _____

Adding digits 11-20

#		#		#		#		#		#	
1	15 +11	2	13 +13	3	12 +20	4	11 +20	5	17 +16	6	20 +11
7	11 +17	8	16 +14	9	15 +19	10	19 +18	11	11 +18	12	14 +15
13	18 +18	14	17 +13	15	19 +19	16	14 +16	17	11 +19	18	18 +17
19	16 +17	20	19 +11	21	11 +13	22	18 +15	23	14 +20	24	15 +14
25	19 +14	26	11 +16	27	17 +14	28	12 +13	29	20 +18	30	11 +11
31	14 +13	32	20 +17	33	16 +20	34	13 +19	35	17 +18	36	20 +16
37	14 +14	38	11 +15	39	12 +11	40	14 +18	41	16 +11	42	12 +17
43	20 +15	44	17 +15	45	14 +19	46	13 +15	47	14 +12	48	18 +19

Test 29

Date: _____ Time: _____ Score: _____/25

Name: _____

Circle the numbers that make 10

9 1 6 3 5 7 4 9 2 0 8
5 0 5 1 0 5 2 6 8 9 3
0 1 2 8 9 4 1 5 0 5 4
3 4 5 6 3 0 2 7 1 6 7
8 7 1 8 2 4 9 3 6 7 2
2 6 0 7 1 3 0 8 5 4 9
5 5 3 5 6 8 7 9 4 2 1
7 8 4 5 7 1 6 7 3 5 0
1 3 8 9 4 2 9 5 0 3 6
4 0 5 8 9 8 6 3 2 1 5
6 2 3 4 6 8 5 1 7 0 9

Test 30

Date: _____ Time: _____ Score: _____/48

Name: _____ Adding digits 1-20

#		#		#		#		#		#	
1	12 +13	2	4 + 4	3	13 +17	4	9 + 8	5	18 +20	6	14 + 7
7	18 +15	8	3 +16	9	14 +12	10	11 +12	11	14 +17	12	5 + 5
13	10 +12	14	3 +15	15	10 + 8	16	18 + 8	17	6 + 7	18	14 + 6
19	17 + 3	20	2 +19	21	10 +10	22	8 +12	23	13 +18	24	12 +14
25	10 + 7	26	6 +12	27	14 + 4	28	10 +20	29	19 +14	30	7 +10
31	14 + 1	32	17 +17	33	4 +14	34	15 +17	35	18 + 7	36	7 +14
37	16 +13	38	10 + 1	39	13 +19	40	4 + 9	41	19 +11	42	9 + 7
43	17 +15	44	12 + 7	45	8 +13	46	15 +12	47	20 +14	48	18 + 2

Test 31

Date: _____   **Time:** _____   **Score:** _____ /48

Name: _____   Adding digits 1-20

1. 10 + 9 =
2. 18 +14 =
3. 4 + 5 =
4. 17 + 7 =
5. 12 +12 =
6. 20 +16 =
7. 9 +15 =
8. 12 + 9 =
9. 12 +16 =
10. 8 +11 =
11. 14 +15 =
12. 16 +18 =
13. 3 + 8 =
14. 19 + 7 =
15. 12 +17 =
16. 9 + 9 =
17. 10 +11 =
18. 16 +14 =
19. 11 + 4 =
20. 3 +14 =
21. 19 +20 =
22. 18 + 9 =
23. 8 +17 =
24. 11 + 8 =
25. 13 +20 =
26. 16 +16 =
27. 10 + 3 =
28. 18 +19 =
29. 3 +13 =
30. 11 +14 =
31. 17 + 6 =
32. 12 + 5 =
33. 16 +19 =
34. 13 + 7 =
35. 20 +18 =
36. 19 +12 =
37. 16 + 4 =
38. 13 +14 =
39. 17 +19 =
40. 15 + 2 =
41. 20 +20 =
42. 16 + 6 =
43. 4 +16 =
44. 11 +17 =
45. 13 + 9 =
46. 9 +19 =
47. 12 + 6 =
48. 13 + 4 =

Test 32

Date: _____   Time: _____   Score: _____ /48

Name: _____

Adding digits 1-20

#		#		#		#		#		#	
1	17 +20	2	8 + 8	3	15 +16	4	14 +10	5	16 + 7	6	15 +19
7	20 +17	8	4 + 7	9	18 +12	10	13 +16	11	19 +15	12	15 +14
13	10 +13	14	9 + 3	15	19 +13	16	5 +20	17	20 +10	18	9 +17
19	10 +19	20	16 +12	21	11 +11	22	8 +14	23	19 + 9	24	17 +10
25	6 +14	26	17 +18	27	10 +17	28	15 + 8	29	9 + 4	30	12 +18
31	9 +10	32	8 + 5	33	13 +10	34	20 +11	35	9 +13	36	18 +16
37	14 +16	38	13 + 6	39	10 + 2	40	11 +16	41	6 + 9	42	14 +14
43	18 + 6	44	7 +12	45	19 +10	46	9 +14	47	11 +10	48	5 +19

Test 33

Date: _____ Time: _____ Score: _____/48

Name: _____

Adding digits 1-20

#		#		#		#		#		#	
1	17 +11	2	15 +15	3	2 +11	4	19 +12	5	12 + 4	6	18 +17
7	13 +13	8	17 +15	9	11 +13	10	20 + 8	11	18 +15	12	16 +11
13	17 +13	14	20 +13	15	9 +18	16	18 +10	17	18 +14	18	15 +11
19	4 +19	20	16 +16	21	12 +15	22	17 +19	23	19 +18	24	5 +11
25	14 +17	26	17 +16	27	16 +18	28	12 +11	29	17 + 4	30	12 +13
31	11 +19	32	16 +17	33	15 +13	34	12 +20	35	14 + 9	36	15 +12
37	14 +19	38	13 +15	39	19 +19	40	20 +19	41	13 +17	42	6 +15
43	10 +14	44	19 +14	45	10 +18	46	13 +12	47	16 +20	48	19 + 5

Test 34

Date: _____ Time: _____ Score: _____ /48

Name: _____

Adding digits 1-20

#		#		#		#		#		#	
1	17 +12	2	9 +20	3	12 +19	4	19 + 8	5	13 +18	6	18 +11
7	14 +18	8	6 +18	9	17 +18	10	11 +15	11	12 +10	12	18 +18
13	15 + 9	14	16 +14	15	11 +18	16	20 +15	17	15 +19	18	16 +10
19	11 + 6	20	19 +11	21	16 +15	22	18 +16	23	14 +13	24	8 +16
25	17 +17	26	12 +18	27	14 +20	28	16 + 8	29	10 +15	30	13 +11
31	15 +14	32	3 +17	33	16 +19	34	15 +18	35	14 +11	36	18 +19
37	14 + 3	38	17 +14	39	11 +20	40	18 +13	41	12 +16	42	10 +16
43	4 +15	44	19 +16	45	15 +10	46	20 +12	47	19 +17	48	15 +20

Test 35

Date: _____   Time: _____

Name:_____

Addition maze
Take the path where the answer is 15

6+9

13+2

13+4

8+7

9+6

10+5

7+6

11+4

12+3

11+9

14+1

6+3

Test 36

Date: _____ Time: _____ Score: _____ /48

Name: _____

Adding digits 15-25

#		#		#		#		#		#	
1	21 +15	2	17 +21	3	24 +23	4	17 +20	5	24 +15	6	21 +23
7	15 +22	8	23 +22	9	16 +22	10	21 +17	11	24 +21	12	23 +23
13	25 +20	14	21 +24	15	25 +23	16	22 +22	17	23 +16	18	18 +21
19	22 +23	20	15 +21	21	23 +24	22	22 +17	23	21 +22	24	23 +25
25	19 +20	26	22 +24	27	15 +23	28	23 +21	29	21 +16	30	24 +22
31	15 +24	32	21 +25	33	20 +19	34	16 +21	35	21 +18	36	23 +15
37	22 +25	38	24 +25	39	16 +23	40	22 +21	41	25 +24	42	21 +21
43	25 +22	44	22 +16	45	23 +20	46	24 +24	47	22 +15	48	25 +21

Test 37

Date: _____ **Time:** _____ **Score:** _____ /48

Name: _____   Adding digits 15-25

#		#		#		#		#		#	
1	23 +18	2	15 +17	3	25 +25	4	17 +23	5	24 +19	6	18 +25
7	16 +24	8	25 +15	9	17 +18	10	16 +16	11	19 +25	12	24 +17
13	18 +23	14	22 +18	15	17 +24	16	19 +19	17	15 +25	18	23 +19
19	19 +24	20	18 +19	21	25 +18	22	17 +17	23	19 +21	24	25 +17
25	18 +22	26	24 +16	27	17 +25	28	18 +18	29	19 +22	30	17 +15
31	24 +18	32	19 +18	33	22 +19	34	18 +16	35	15 +19	36	18 +24
37	19 +16	38	16 +25	39	21 +19	40	18 +15	41	16 +17	42	25 +19
43	16 +18	44	19 +23	45	23 +17	46	15 +18	47	17 +19	48	19 +15

Test 38

Date: _____ Time: _____ Score: _____ /48

Name: _____

Adding digits 20-30

#		#		#		#		#		#	
1	27 +23	2	21 +21	3	28 +20	4	22 +23	5	29 +21	6	25 +27
7	25 +30	8	23 +25	9	27 +28	10	25 +24	11	23 +20	12	26 +27
13	24 +23	14	29 +30	15	27 +26	16	20 +28	17	24 +24	18	21 +29
19	23 +22	20	26 +20	21	23 +28	22	27 +29	23	22 +25	24	21 +30
25	25 +26	26	24 +22	27	21 +27	28	29 +23	29	21 +26	30	24 +26
31	27 +24	32	26 +21	33	23 +21	34	28 +24	35	25 +23	36	29 +27
37	25 +29	38	21 +24	39	23 +27	40	28 +29	41	23 +30	42	26 +26
43	24 +28	44	29 +22	45	26 +22	46	27 +30	47	28 +27	48	22 +22

Test 39

Date: _____ Time: _____ Score: _____ /48

Name: _____

Adding digits 20-30

#		#		#		#		#		#	
1	21 +25	2	29 +26	3	26 +23	4	20 +29	5	27 +27	6	23 +29
7	24 +30	8	28 +21	9	26 +25	10	22 +28	11	24 +21	12	26 +30
13	29 +29	14	22 +24	15	27 +22	16	22 +29	17	28 +22	18	26 +24
19	21 +23	20	27 +21	21	28 +25	22	26 +28	23	25 +21	24	23 +24
25	21 +22	26	26 +29	27	28 +23	28	22 +27	29	29 +25	30	23 +23
31	24 +29	32	28 +26	33	23 +26	34	24 +20	35	29 +24	36	25 +25
37	22 +26	38	24 +25	39	29 +28	40	22 +30	41	28 +28	42	27 +25
43	22 +21	44	24 +27	45	21 +28	46	25 +22	47	25 +28	48	28 +30

Test 40

Date: _____ Time: _____ Score: _____ /48

Name: _____

Adding digits 1-30

#		#		#		#		#		#	
1	20 + 7	2	27 +23	3	9 + 9	4	22 +26	5	16 + 6	6	5 +25
7	13 +28	8	4 +14	9	19 + 6	10	11 +28	11	6 +23	12	4 + 5
13	12 + 8	14	26 +29	15	4 +28	16	15 +23	17	5 +24	18	29 + 4
19	7 +27	20	19 +21	21	14 + 5	22	5 + 8	23	27 +21	24	7 +22
25	14 + 7	26	18 +12	27	6 +19	28	12 + 3	29	24 +18	30	18 + 9
31	8 +23	32	24 +15	33	17 + 5	34	6 + 7	35	29 +29	36	8 +21
37	13 + 4	38	3 +19	39	25 +22	40	9 +26	41	11 + 5	42	28 +26
43	15 + 2	44	9 +20	45	23 + 9	46	8 + 3	47	30 +18	48	10 + 9

Test 41

Date: _____ Time: _____ Score: _____ /20

Name: _____

Fun addition

Numbers	Add 7	Add 2	Add 5	Add 10
8	15			
14				
5				
7				
16				

Test 42

Date: _____ **Time:** _____ **Score:** _____ /48

Name: _____ Adding digits 1-30

1. 12 + 4	2. 25 +26	3. 6 +13	4. 15 +15	5. 5 + 4	6. 30 + 6
7. 8 +13	8. 10 +25	9. 7 +19	10. 29 +27	11. 3 +15	12. 29 + 8
13. 3 + 8	14. 12 +14	15. 2 +28	16. 13 + 8	17. 26 +21	18. 9 +29
19. 8 + 5	20. 30 +20	21. 23 +19	22. 8 +30	23. 28 + 6	24. 19 + 8
25. 6 + 9	26. 22 + 7	27. 26 + 5	28. 9 +21	29. 24 + 2	30. 9 + 7
31. 5 +14	32. 27 +24	33. 18 +11	34. 7 + 8	35. 16 + 3	36. 12 +28
37. 2 +21	38. 15 +14	39. 28 +28	40. 7 +12	41. 27 + 4	42. 5 +15
43. 13 +22	44. 17 + 7	45. 4 +15	46. 18 +19	47. 25 + 4	48. 6 +16

Test 43

Date: _____ Time: _____ Score: _____/48

Name: _____

Adding digits 1-30

#		#		#		#		#		#	
1	9 +16	2	15 + 4	3	5 +29	4	21 + 8	5	15 + 5	6	6 +22
7	13 + 6	8	4 +19	9	7 +21	10	5 +30	11	19 + 7	12	7 +17
13	4 +24	14	9 +10	15	18 + 5	16	6 +14	17	8 +11	18	30 + 3
19	5 +11	20	27 + 6	21	20 + 9	22	14 + 6	23	5 +16	24	24 + 4
25	6 +25	26	3 +25	27	17 + 4	28	3 +27	29	2 +25	30	28 + 7
31	14 + 4	32	8 +24	33	11 + 7	34	23 + 2	35	9 +27	36	29 + 9
37	12 + 5	38	8 +14	39	24 + 8	40	5 +23	41	3 +12	42	25 + 7
43	11 + 9	44	27 + 2	45	2 +18	46	23 + 7	47	10 + 6	48	19 + 3

Test 44

Adding digits 1-30

Date: _____ Time: _____ Score: _____ /48

Name: _____

1. 30 + 8
2. 18 + 3
3. 5 + 22
4. 29 + 7
5. 17 + 2
6. 23 + 4
7. 3 + 29
8. 17 + 6
9. 8 + 10
10. 7 + 13
11. 19 + 4
12. 6 + 12
13. 4 + 17
14. 28 + 8
15. 11 + 3
16. 24 + 6
17. 8 + 17
18. 4 + 25
19. 10 + 3
20. 5 + 26
21. 22 + 5
22. 8 + 25
23. 26 + 3
24. 6 + 15
25. 13 + 5
26. 3 + 21
27. 25 + 8
28. 4 + 22
29. 26 + 6
30. 14 + 8
31. 7 + 11
32. 21 + 9
33. 24 + 5
34. 12 + 7
35. 9 + 17
36. 21 + 2
37. 9 + 30
38. 13 + 7
39. 9 + 28
40. 20 + 5
41. 5 + 13
42. 27 + 9
43. 15 + 6
44. 14 + 3
45. 16 + 5
46. 29 + 2
47. 11 + 8
48. 25 + 2

Test 45

Date: _____ Time: _____ Score: _____ /48

Name: _____ Adding digits 10-30

#		#		#		#		#		#	
1	21 +25	2	12 +19	3	18 +17	4	27 +12	5	17 +26	6	23 +17
7	13 +18	8	23 +13	9	15 +24	10	18 +27	11	16 +17	12	23 +26
13	14 +15	14	26 +24	15	19 +14	16	24 +19	17	21 +15	18	30 +10
19	11 +18	20	14 +16	21	17 +21	22	21 +19	23	29 +17	24	17 +16
25	25 +23	26	15 +18	27	27 +27	28	24 +25	29	28 +23	30	16 +25
31	26 +18	32	20 +15	33	12 +16	34	25 +29	35	18 +13	36	10 +28
37	29 +28	38	24 +26	39	19 +27	40	28 +21	41	19 +22	42	27 +14
43	13 +13	44	28 +27	45	14 +28	46	25 +15	47	22 +27	48	11 +29

Test 46

Date: _____ Time: _____ Score: _____ /48

Name: _____

Adding digits 10-30

1. 13 +21
2. 24 +28
3. 16 +26
4. 29 +20
5. 25 +25
6. 18 +22
7. 22 +17
8. 14 +18
9. 29 +15
10. 12 +29
11. 23 +12
12. 11 +17
13. 22 +28
14. 24 +21
15. 12 +18
16. 16 +14
17. 25 +24
18. 17 +17
19. 14 +25
20. 23 +27
21. 17 +28
22. 16 +23
23. 11 +19
24. 26 +14
25. 18 +15
26. 26 +23
27. 29 +26
28. 14 +27
29. 20 +16
30. 27 +17
31. 18 +29
32. 26 +26
33. 19 +11
34. 27 +22
35. 13 +29
36. 21 +18
37. 28 +24
38. 25 +18
39. 19 +19
40. 12 +25
41. 27 +29
42. 15 +17
43. 22 +19
44. 28 +18
45. 23 +23
46. 19 +28
47. 24 +16
48. 15 +28

Test 47

Date: _____ Time: _____ Score: _____ /48

Name: _____

Adding digits 10-30

#		#		#		#		#		#	
1	15 +19	2	10 +13	3	17 +25	4	29 +21	5	30 +24	6	14 +26
7	22 +18	8	26 +28	9	13 +15	10	28 +19	11	15 +29	12	19 +24
13	16 +16	14	11 +14	15	23 +16	16	14 +17	17	29 +18	18	28 +12
19	15 +12	20	24 +17	21	13 +27	22	26 +16	23	16 +24	24	27 +11
25	18 +14	26	29 +24	27	12 +17	28	18 +18	29	17 +23	30	28 +25
31	25 +17	32	26 +13	33	17 +13	34	19 +12	35	27 +18	36	21 +11
37	22 +29	38	18 +24	39	23 +29	40	19 +26	41	25 +14	42	28 +14
43	19 +17	44	29 +13	45	17 +22	46	21 +26	47	28 +17	48	19 +29

Test 48	Date: _____	Time: _____	Score: _____ /70
	Name: _____			

Addition chart

+	1	2	3	4	5	6	7	8	9	10
1	2			4				8			
2	3				6					11	
3		5			7		9				13
4				7					12		
5	6				9		11				15
6		8			10				14		
7	8					12				16	
8		10					14				18
9					13					18	
10	11			13		15		17			

Cut from perforated lines

CERTIFICATE
OF ACHIEVEMENT

This certificate is presented to

_____

for being the master of addition.

Date _____   Signature _____

Cut from perforated lines

Test 49

Date: _____ Time: _____ Score: _____/35

Name: _____

Subtracting digits 0-7

1. 2 - 1 = 1
2. 3 - 2 = 1
3. 3 - 1 = 2
4. 4 - 2 = 2
5. 4 - 3 = 1
6. 6 - 3 =
7. 4 - 1 =
8. 3 - 3 =
9. 7 - 1 =
10. 7 - 5 =
11. 6 - 2 =
12. 7 - 4 =
13. 6 - 5 =
14. 5 - 4 =
15. 6 - 4 =
16. 1 - 1 =
17. 5 - 2 =
18. 5 - 5 =
19. 7 - 3 =
20. 7 - 6 =
21. 5 - 3 =
22. 2 - 1 =
23. 2 - 2 =
24. 7 - 2 =
25. 6 - 1 =
26. 4 - 4 =
27. 7 - 4 =
28. 6 - 6 =
29. 5 - 1 =
30. 7 - 7 =
31. 5 - 4 =
32. 6 - 3 =
33. 7 - 5 =
34. 4 - 3 =
35. 3 - 0 =

Test 50

Date: _____ Time: _____ Score: _____ /35

Name: _____ **Subtracting digits 0-7**

#		#		#		#		#	
1	4 − 3 = 1	2	1 − 1 = 0	3	5 − 2 = 3	4	4 − 1 = 3	5	6 − 4 = 2
6	6 − 1 =	7	4 − 4 =	8	6 − 3 =	9	2 − 0 =	10	5 − 3 =
11	7 − 6 =	12	3 − 3 =	13	4 − 0 =	14	4 − 3 =	15	7 − 5 =
16	7 − 2 =	17	6 − 2 =	18	2 − 1 =	19	7 − 4 =	20	6 − 6 =
21	7 − 1 =	22	3 − 2 =	23	6 − 5 =	24	7 − 7 =	25	7 − 3 =
26	3 − 1 =	27	5 − 4 =	28	5 − 1 =	29	4 − 2 =	30	5 − 0 =
31	5 − 3 =	32	6 − 4 =	33	7 − 6 =	34	7 − 1 =	35	6 − 5 =

Test 51

Date: _____ Time: _____ Score: _____/35

Name: _____ **Subtracting digits 0-7**

1. 5 - 3 = 2
2. 6 - 2 = 4
3. 4 - 1 = 3
4. 5 - 1 = 4
5. 7 - 2 = 5
6. 6 - 1 =
7. 7 - 6 =
8. 1 - 1 =
9. 6 - 0 =
10. 6 - 4 =
11. 7 - 4 =
12. 5 - 5 =
13. 7 - 3 =
14. 7 - 5 =
15. 5 - 4 =
16. 3 - 2 =
17. 7 - 1 =
18. 5 - 2 =
19. 6 - 5 =
20. 4 - 3 =
21. 4 - 2 =
22. 3 - 3 =
23. 4 - 0 =
24. 3 - 1 =
25. 7 - 7 =
26. 6 - 3 =
27. 2 - 1 =
28. 5 - 1 =
29. 7 - 2 =
30. 3 - 2 =
31. 7 - 3 =
32. 5 - 2 =
33. 6 - 1 =
34. 6 - 2 =
35. 3 - 0 =

Test 52

Date: _____ Time: _____ Score: _____ /48

Name: _____ **Subtracting digits 0-9**

1. 3 − 1 =
2. 5 − 3 =
3. 6 − 5 =
4. 5 − 4 =
5. 4 − 4 =
6. 7 − 2 =
7. 7 − 1 =
8. 9 − 9 =
9. 6 − 4 =
10. 5 − 1 =
11. 9 − 7 =
12. 8 − 5 =
13. 8 − 3 =
14. 7 − 3 =
15. 2 − 1 =
16. 6 − 3 =
17. 5 − 0 =
18. 9 − 3 =
19. 9 − 5 =
20. 6 − 1 =
21. 9 − 6 =
22. 6 − 6 =
23. 9 − 2 =
24. 7 − 7 =
25. 5 − 2 =
26. 4 − 1 =
27. 8 − 6 =
28. 8 − 7 =
29. 3 − 3 =
30. 8 − 8 =
31. 7 − 5 =
32. 4 − 3 =
33. 7 − 4 =
34. 6 − 0 =
35. 9 − 4 =
36. 9 − 8 =
37. 1 − 1 =
38. 8 − 1 =
39. 8 − 4 =
40. 8 − 2 =
41. 5 − 5 =
42. 6 − 2 =
43. 2 − 2 =
44. 4 − 2 =
45. 9 − 1 =
46. 7 − 6 =
47. 3 − 2 =
48. 7 − 0 =

Test 53

Date: _____ Time: _____ Score: _____/48

Name: _____ **Subtracting digits 0-10**

#		#		#		#		#		#	
1	4 − 3	2	5 − 1	3	6 − 4	4	5 − 4	5	7 − 5	6	8 − 7
7	9 − 4	8	3 − 1	9	7 − 1	10	7 − 2	11	8 − 3	12	4 − 2
13	10 − 3	14	8 − 2	15	3 − 2	16	9 − 9	17	8 − 1	18	9 − 1
19	8 − 4	20	10 − 1	21	2 − 1	22	4 − 0	23	10 − 2	24	9 − 6
25	5 − 3	26	9 − 2	27	10 − 5	28	9 − 7	29	8 − 5	30	9 − 3
31	6 − 3	32	6 − 5	33	4 − 1	34	8 − 6	35	10 − 6	36	10 − 7
37	9 − 5	38	9 − 8	39	10 − 8	40	7 − 4	41	6 − 1	42	7 − 3
43	10 − 4	44	5 − 2	45	7 − 6	46	6 − 2	47	10 − 9	48	8 − 0

Test 54

Date: _____ **Time:** _____ **Score:** _____ /48

Name: _____ **Subtracting digits 0–10**

1. 5 − 3 =
2. 3 − 1 =
3. 6 − 3 =
4. 9 − 6 =
5. 4 − 2 =
6. 10 − 6 =
7. 7 − 1 =
8. 9 − 8 =
9. 9 − 3 =
10. 10 − 5 =
11. 7 − 4 =
12. 9 − 5 =
13. 8 − 2 =
14. 8 − 1 =
15. 8 − 4 =
16. 6 − 4 =
17. 10 − 4 =
18. 7 − 5 =
19. 7 − 6 =
20. 10 − 8 =
21. 6 − 5 =
22. 5 − 2 =
23. 9 − 2 =
24. 8 − 5 =
25. 10 − 1 =
26. 9 − 1 =
27. 5 − 0 =
28. 8 − 3 =
29. 7 − 3 =
30. 10 − 3 =
31. 2 − 1 =
32. 5 − 1 =
33. 9 − 7 =
34. 3 − 3 =
35. 3 − 2 =
36. 10 − 2 =
37. 6 − 2 =
38. 4 − 1 =
39. 9 − 4 =
40. 10 − 7 =
41. 6 − 0 =
42. 8 − 6 =
43. 5 − 4 =
44. 8 − 7 =
45. 4 − 3 =
46. 7 − 2 =
47. 6 − 1 =
48. 10 − 9 =

Test 55

Date: _____   Time: _____

Name: _____

Color by subtraction

Color by subtraction

- 6-4
- 8-4
- 7-5
- 10-2
- 3-1
- 10-5
- 9-1
- 8-6
- 12-7
- 5-3
- 9-4
- 4-2
- 12-4
- 7-2
- 8-5
- 13-5
- 10-7
- 5-2
- 7-1
- 9-2
- 10-4
- 6-1
- 8-3
- 12-3
- 3-1

YELLOW - 2   **GREEN - 3**   **BLUE - 4**   **ORANGE - 5**

PURPLE - 6   **RED - 7**   **PINK - 8**   **BROWN - 9**

Test 56

Date: _____ Time: _____ Score: _____ /48

Name: _____ Subtracting digits 0-10

1. 6 − 1 =
2. 4 − 1 =
3. 5 − 2 =
4. 7 − 3 =
5. 3 − 2 =
6. 5 − 3 =
7. 8 − 2 =
8. 10 − 3 =
9. 8 − 1 =
10. 10 − 4 =
11. 9 − 4 =
12. 10 − 5 =
13. 9 − 2 =
14. 10 − 1 =
15. 8 − 3 =
16. 9 − 7 =
17. 8 − 7 =
18. 4 − 2 =
19. 7 − 1 =
20. 7 − 4 =
21. 9 − 1 =
22. 9 − 3 =
23. 5 − 1 =
24. 10 − 7 =
25. 4 − 4 =
26. 9 − 6 =
27. 6 − 4 =
28. 8 − 6 =
29. 9 − 5 =
30. 6 − 6 =
31. 10 − 9 =
32. 8 − 5 =
33. 2 − 1 =
34. 6 − 5 =
35. 3 − 1 =
36. 10 − 2 =
37. 6 − 3 =
38. 7 − 5 =
39. 4 − 3 =
40. 7 − 2 =
41. 7 − 0 =
42. 6 − 2 =
43. 10 − 8 =
44. 10 − 6 =
45. 9 − 8 =
46. 5 − 4 =
47. 8 − 4 =
48. 7 − 6 =

Test 57

Date: _____ Time: _____ Score: _____/48

Name: _____ Subtracting digits 1-15

#		#		#		#		#		#	
1	3 − 2	2	4 − 3	3	5 − 2	4	6 − 5	5	7 − 4	6	9 − 6
7	8 − 1	8	5 − 4	9	9 − 2	10	7 − 3	11	15 − 4	12	9 − 5
13	12 − 1	14	5 − 3	15	8 − 6	16	15 − 2	17	5 − 1	18	13 − 3
19	8 − 3	20	7 − 5	21	15 − 3	22	9 − 5	23	14 − 3	24	6 − 3
25	6 − 2	26	12 − 2	27	3 − 1	28	7 − 6	29	14 − 1	30	8 − 2
31	2 − 1	32	15 − 1	33	4 − 2	34	14 − 4	35	9 − 3	36	9 − 8
37	8 − 7	38	13 − 2	39	7 − 2	40	15 − 5	41	8 − 4	42	9 − 4
43	14 − 2	44	9 − 7	45	8 − 5	46	6 − 4	47	13 − 1	48	9 − 1

Test 58

Date: _____   Time: _____   Score: _____ /48

Name: _____

Subtracting digits 1-15

1. 5 − 1	2. 6 − 2	3. 7 − 1	4. 4 − 2	5. 8 − 4	6. 9 − 1
7. 14 − 3	8. 3 − 2	9. 7 − 6	10. 4 − 1	11. 9 − 2	12. 6 − 5
13. 8 − 1	14. 6 − 1	15. 8 − 6	16. 13 − 2	17. 5 − 2	18. 6 − 3
19. 7 − 5	20. 7 − 2	21. 9 − 4	22. 14 − 2	23. 4 − 3	24. 8 − 7
25. 15 − 1	26. 7 − 4	27. 15 − 3	28. 6 − 4	29. 13 − 3	30. 7 − 3
31. 14 − 4	32. 5 − 3	33. 12 − 2	34. 8 − 3	35. 15 − 4	36. 9 − 5
37. 8 − 2	38. 13 − 1	39. 9 − 3	40. 9 − 7	41. 15 − 2	42. 8 − 5
43. 12 − 1	44. 5 − 4	45. 14 − 1	46. 9 − 8	47. 9 − 6	48. 15 − 5

Test 59

Date: _____ Time: _____ Score: _____ /48

Name: _____   **Subtracting digits 1-15**

1. 2 − 1 =
2. 6 − 3 =
3. 5 − 3 =
4. 4 − 1 =
5. 10 − 3 =
6. 7 − 5 =
7. 5 − 0 =
8. 13 − 9 =
9. 7 − 7 =
10. 12 − 8 =
11. 6 − 1 =
12. 14 − 9 =
13. 13 − 4 =
14. 8 − 3 =
15. 11 − 8 =
16. 15 − 8 =
17. 9 − 6 =
18. 12 − 7 =
19. 14 − 5 =
20. 9 − 5 =
21. 11 − 5 =
22. 9 − 7 =
23. 8 − 2 =
24. 12 − 6 =
25. 4 − 2 =
26. 10 − 1 =
27. 14 − 7 =
28. 10 − 4 =
29. 6 − 2 =
30. 15 − 6 =
31. 11 − 7 =
32. 11 − 9 =
33. 9 − 8 =
34. 10 − 6 =
35. 7 − 4 =
36. 13 − 8 =
37. 5 − 2 =
38. 11 − 4 =
39. 11 − 3 =
40. 12 − 3 =
41. 8 − 1 =
42. 14 − 6 =
43. 15 − 9 =
44. 10 − 2 =
45. 7 − 6 =
46. 13 − 5 =
47. 14 − 8 =
48. 15 − 7 =

Test 60

Date: _____ **Time:** _____ **Score:** _____ /48

Name: _____ **Subtracting digits 1-15**

#		#		#		#		#		#	
1	3 − 1	2	4 − 3	3	6 − 5	4	5 − 1	5	7 − 2	6	10 − 9
7	8 − 8	8	13 − 9	9	6 − 4	10	11 − 2	11	3 − 2	12	11 − 6
13	13 − 8	14	8 − 4	15	13 − 7	16	7 − 1	17	13 − 6	18	7 − 3
19	10 − 5	20	11 − 7	21	8 − 5	22	12 − 6	23	14 − 5	24	10 − 8
25	5 − 4	26	10 − 2	27	9 − 4	28	14 − 6	29	12 − 7	30	12 − 9
31	9 − 3	32	15 − 7	33	9 − 2	34	12 − 4	35	8 − 6	36	10 − 3
37	13 − 4	38	11 − 8	39	12 − 5	40	8 − 7	41	11 − 1	42	10 − 4
43	14 − 8	44	9 − 1	45	6 − 2	46	15 − 6	47	10 − 7	48	13 − 5

Test 61

Date: ____________ Time: ____________ Score: ________ /24

Name: ____

Fun flower subtraction

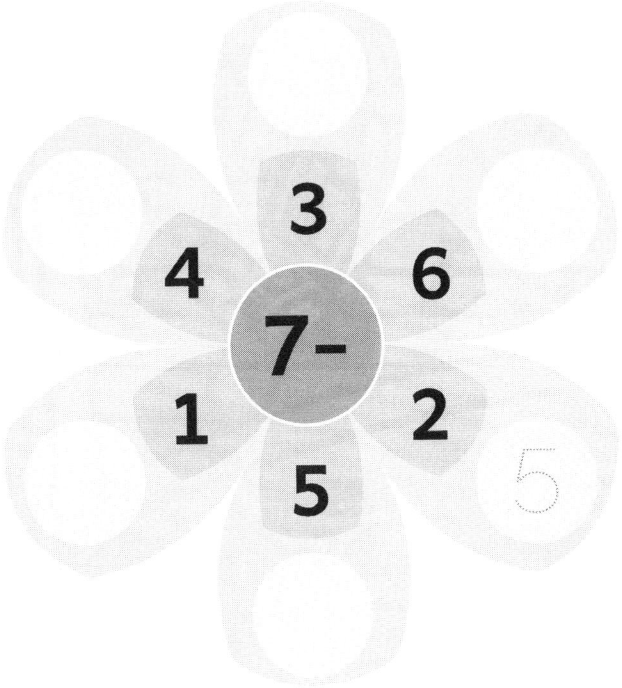
7-
3
6
2
5
1
4
5

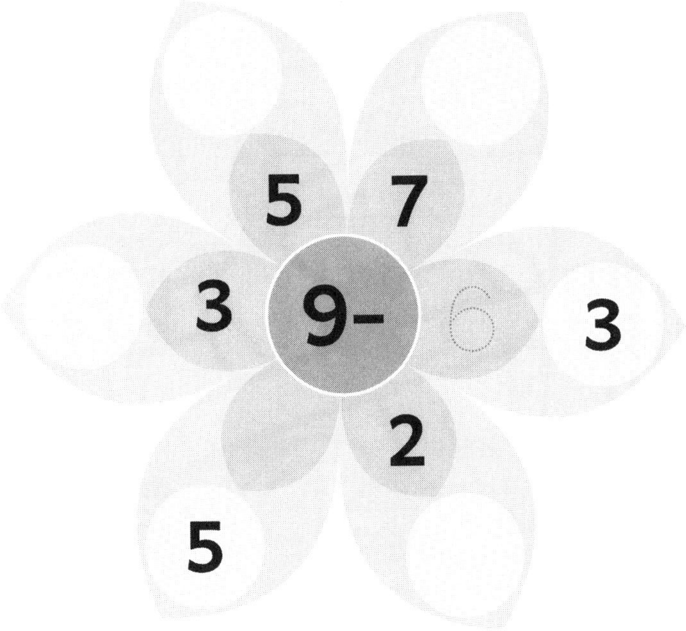
9-
5
7
3
6
3
2
5

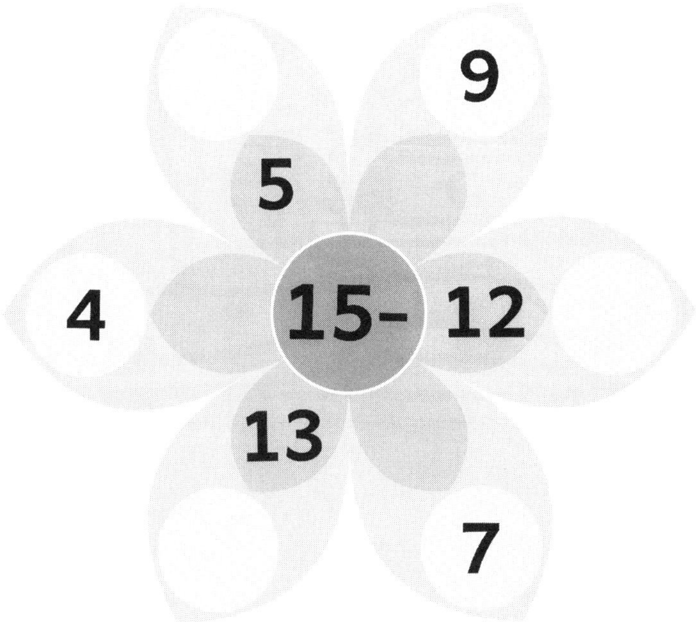
15-
9
5
4
12
13
7

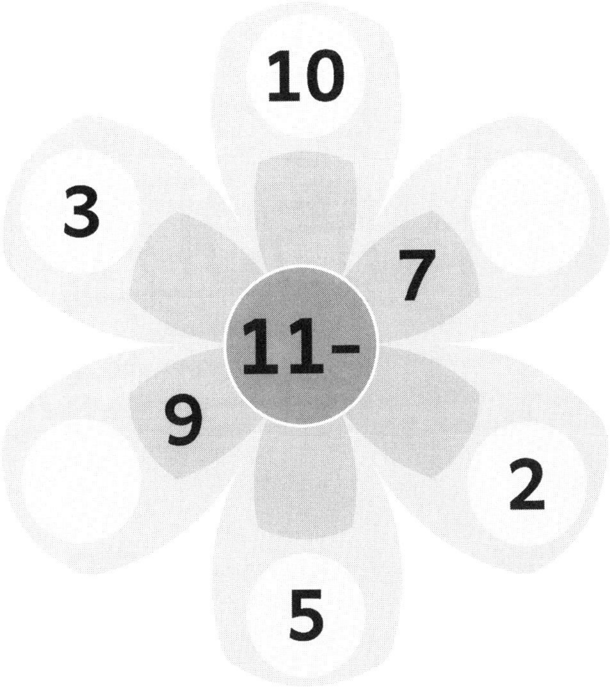
11-
10
3
7
9
2
5

Test 62

Date: _____ Time: _____ Score: _____/48

Name: _____ Subtracting digits 5-20

1. 15 − 14 =
2. 19 − 8 =
3. 8 − 6 =
4. 17 − 5 =
5. 11 − 11 =
6. 19 − 17 =
7. 15 − 5 =
8. 18 − 10 =
9. 9 − 5 =
10. 16 − 15 =
11. 19 − 18 =
12. 17 − 7 =
13. 14 − 10 =
14. 19 − 15 =
15. 16 − 13 =
16. 5 − 5 =
17. 18 − 7 =
18. 12 − 11 =
19. 18 − 14 =
20. 13 − 10 =
21. 19 − 7 =
22. 15 − 10 =
23. 17 − 12 =
24. 19 − 12 =
25. 18 − 8 =
26. 6 − 5 =
27. 20 − 10 =
28. 19 − 9 =
29. 14 − 14 =
30. 18 − 6 =
31. 14 − 13 =
32. 19 − 14 =
33. 9 − 8 =
34. 17 − 13 =
35. 16 − 11 =
36. 18 − 5 =
37. 18 − 16 =
38. 15 − 13 =
39. 17 − 16 =
40. 18 − 12 =
41. 18 − 17 =
42. 7 − 6 =
43. 16 − 6 =
44. 17 − 15 =
45. 11 − 10 =
46. 19 − 6 =
47. 8 − 8 =
48. 13 − 12 =

Test 63

Date: _____ Time: _____ Score: _____ /48

Name: _____ Subtracting digits 5-20

#		#		#		#		#		#	
1	20 − 14	2	9 − 6	3	17 − 11	4	16 − 9	5	12 − 6	6	8 − 5
7	20 − 15	8	18 − 15	9	9 − 5	10	10 − 7	11	19 − 16	12	11 − 7
13	17 − 8	14	7 − 5	15	20 − 16	16	14 − 12	17	11 − 9	18	14 − 7
19	20 − 19	20	8 − 6	21	19 − 11	22	10 − 5	23	20 − 13	24	16 − 12
25	13 − 9	26	7 − 7	27	20 − 12	28	17 − 14	29	14 − 5	30	9 − 8
31	13 − 7	32	20 − 18	33	7 − 6	34	14 − 9	35	19 − 19	36	16 − 7
37	12 − 8	38	15 − 6	39	15 − 12	40	20 − 11	41	9 − 7	42	20 − 8
43	13 − 5	44	20 − 17	45	15 − 8	46	18 − 11	47	20 − 5	48	8 − 7

Test 64

Date: _____   **Time:** _____   **Score:** _____ /48

Name: _____   **Subtracting digits 5-20**

1. 19 − 8 =
2. 16 − 10 =
3. 12 − 5 =
4. 20 − 14 =
5. 17 − 6 =
6. 15 − 15 =
7. 11 − 8 =
8. 20 − 7 =
9. 14 − 11 =
10. 19 − 5 =
11. 18 − 17 =
12. 14 − 8 =
13. 20 − 19 =
14. 12 − 7 =
15. 18 − 6 =
16. 17 − 10 =
17. 10 − 6 =
18. 16 − 14 =
19. 13 − 8 =
20. 20 − 6 =
21. 16 − 5 =
22. 19 − 18 =
23. 20 − 16 =
24. 17 − 9 =
25. 11 − 5 =
26. 16 − 15 =
27. 10 − 8 =
28. 18 − 12 =
29. 13 − 11 =
30. 14 − 6 =
31. 20 − 12 =
32. 17 − 5 =
33. 12 − 10 =
34. 12 − 9 =
35. 13 − 6 =
36. 17 − 13 =
37. 15 − 9 =
38. 20 − 18 =
39. 15 − 11 =
40. 16 − 8 =
41. 19 − 10 =
42. 15 − 13 =
43. 11 − 6 =
44. 19 − 13 =
45. 18 − 9 =
46. 16 − 11 =
47. 15 − 7 =
48. 18 − 13 =

Test 65

Date: _____ **Time:** _____ **Score:** _____ /48

Name: _____ **Subtracting digits 5-20**

1. 20 − 11 =
2. 13 − 12 =
3. 18 − 8 =
4. 10 − 9 =
5. 19 − 15 =
6. 17 − 7 =
7. 13 − 5 =
8. 20 − 15 =
9. 17 − 16 =
10. 15 − 5 =
11. 20 − 9 =
12. 16 − 13 =
13. 12 − 6 =
14. 17 − 8 =
15. 19 − 14 =
16. 17 − 17 =
17. 20 − 5 =
18. 19 − 12 =
19. 11 − 7 =
20. 20 − 13 =
21. 19 − 7 =
22. 12 − 11 =
23. 15 − 6 =
24. 11 − 11 =
25. 14 − 5 =
26. 10 − 7 =
27. 17 − 15 =
28. 20 − 10 =
29. 13 − 9 =
30. 19 − 6 =
31. 11 − 9 =
32. 20 − 17 =
33. 14 − 13 =
34. 16 − 9 =
35. 18 − 11 =
36. 19 − 9 =
37. 14 − 7 =
38. 18 − 14 =
39. 15 − 12 =
40. 12 − 8 =
41. 18 − 5 =
42. 16 − 6 =
43. 18 − 16 =
44. 15 − 8 =
45. 17 − 12 =
46. 10 − 5 =
47. 19 − 17 =
48. 18 − 7 =

Test 66

Date: _____   Time: _____   Score: _____ /48

Name: _____   Subtracting digits 0-20

1. 14 − 10 =
2. 19 − 10 =
3. 16 − 6 =
4. 17 − 11 =
5. 18 − 5 =
6. 19 − 6 =
7. 17 − 10 =
8. 12 − 1 =
9. 19 − 13 =
10. 16 − 12 =
11. 17 − 7 =
12. 15 − 10 =
13. 15 − 3 =
14. 19 − 12 =
15. 16 − 1 =
16. 17 − 13 =
17. 18 − 10 =
18. 12 − 12 =
19. 19 − 7 =
20. 18 − 13 =
21. 17 − 5 =
22. 13 − 3 =
23. 19 − 8 =
24. 18 − 12 =
25. 19 − 5 =
26. 13 − 11 =
27. 17 − 6 =
28. 12 − 10 =
29. 18 − 11 =
30. 12 − 2 =
31. 19 − 9 =
32. 18 − 6 =
33. 20 − 10 =
34. 16 − 11 =
35. 15 − 4 =
36. 13 − 10 =
37. 14 − 1 =
38. 17 − 12 =
39. 14 − 4 =
40. 11 − 10 =
41. 13 − 0 =
42. 16 − 10 =
43. 18 − 7 =
44. 15 − 11 =
45. 19 − 11 =
46. 16 − 5 =
47. 14 − 11 =
48. 13 − 1 =

Test 67

Date: _____   Time: _____   Score: _____ /12

Name: _____

Add and subtract the numbers on the path

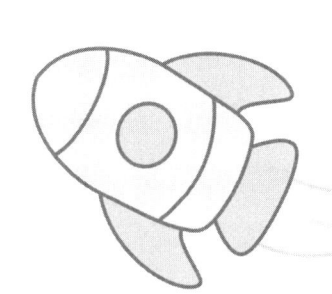

5 +4 9 +1

-3   -4   +15 5 -5

+7 20 -2 18 -5   -4

-10   +8 13 +4

+13 24 -6   -7   +8 19

-5 50 +15 +6 29 +10

Test 68

Date: _____ Time: _____ Score: _____ /48

Name: _____ Subtracting digits 0-20

#		#		#		#		#		#	
1	19 − 4	2	17 − 1	3	15 − 2	4	14 − 12	5	18 − 15	6	14 − 3
7	19 − 15	8	16 − 2	9	15 − 13	10	19 − 1	11	15 − 12	12	16 − 13
13	19 − 3	14	17 − 2	15	16 − 14	16	18 − 8	17	17 − 3	18	15 − 14
19	17 − 0	20	17 − 14	21	11 − 1	22	17 − 15	23	16 − 3	24	17 − 4
25	14 − 2	26	19 − 14	27	15 − 15	28	18 − 14	29	19 − 16	30	18 − 3
31	18 − 4	32	15 − 5	33	14 − 13	34	17 − 16	35	15 − 1	36	19 − 18
37	19 − 2	38	16 − 15	39	11 − 0	40	18 − 1	41	13 − 12	42	18 − 2
43	19 − 17	44	12 − 11	45	18 − 17	46	16 − 4	47	13 − 2	48	18 − 16

Test 69

Date: _____ **Time:** _____ **Score:** _____ /48

Name: _____ **Subtracting digits 1-20**

#		#		#		#		#		#	
1	7 − 3	2	9 − 4	3	11 − 8	4	10 − 4	5	12 − 4	6	11 − 9
7	2 − 1	8	17 − 8	9	14 − 7	10	13 − 9	11	7 − 6	12	20 − 4
13	3 − 1	14	9 − 2	15	20 − 3	16	6 − 5	17	4 − 3	18	6 − 1
19	16 − 9	20	10 − 2	21	8 − 7	22	12 − 6	23	10 − 3	24	8 − 6
25	14 − 5	26	11 − 6	27	14 − 6	28	12 − 5	29	5 − 4	30	20 − 11
31	10 − 1	32	20 − 2	33	9 − 6	34	20 − 12	35	9 − 5	36	15 − 8
37	20 − 5	38	7 − 2	39	13 − 8	40	4 − 2	41	20 − 14	42	11 − 7
43	20 − 13	44	13 − 7	45	20 − 10	46	15 − 6	47	20 − 1	48	12 − 3

Test 70

Date: _____ Time: _____ Score: _____/48

Name: _____ **Subtracting digits 1-20**

#		#		#		#		#		#	
1	5 − 3	2	9 − 3	3	11 − 5	4	12 − 7	5	13 − 5	6	20 − 16
7	14 − 8	8	20 − 19	9	17 − 9	10	12 − 9	11	20 − 6	12	15 − 7
13	20 − 8	14	20 − 7	15	4 − 1	16	20 − 15	17	10 − 5	18	5 − 2
19	20 − 18	20	16 − 8	21	8 − 2	22	9 − 8	23	10 − 9	24	18 − 9
25	14 − 9	26	7 − 5	27	20 − 9	28	15 − 9	29	3 − 2	30	13 − 4
31	20 − 17	32	13 − 6	33	10 − 7	34	6 − 3	35	11 − 4	36	10 − 8
37	7 − 4	38	6 − 2	39	8 − 4	40	11 − 2	41	10 − 6	42	9 − 7
43	8 − 5	44	8 − 3	45	6 − 4	46	12 − 8	47	16 − 7	48	11 − 3

Test 71

Date: _____ Time: _____ Score: _____/48

Name: _____ Subtracting digits 10-20

1) 14 - 10 =
2) 16 - 14 =
3) 19 - 12 =
4) 18 - 13 =
5) 17 - 15 =
6) 16 - 11 =
7) 19 - 18 =
8) 13 - 10 =
9) 18 - 17 =
10) 19 - 14 =
11) 20 - 16 =
12) 20 - 15 =
13) 16 - 10 =
14) 20 - 12 =
15) 20 - 19 =
16) 15 - 13 =
17) 19 - 10 =
18) 18 - 14 =
19) 20 - 14 =
20) 17 - 16 =
21) 12 - 11 =
22) 17 - 10 =
23) 19 - 16 =
24) 18 - 10 =
25) 19 - 13 =
26) 12 - 10 =
27) 17 - 11 =
28) 17 - 14 =
29) 20 - 11 =
30) 18 - 16 =
31) 18 - 15 =
32) 19 - 17 =
33) 19 - 11 =
34) 13 - 12 =
35) 18 - 11 =
36) 19 - 15 =
37) 20 - 13 =
38) 15 - 14 =
39) 14 - 13 =
40) 16 - 13 =
41) 16 - 15 =
42) 13 - 11 =
43) 15 - 11 =
44) 20 - 17 =
45) 17 - 13 =
46) 14 - 11 =
47) 15 - 10 =
48) 20 - 18 =

Test 72

Date: _____ Time: _____ Score: _____/48

Name: _____ **Subtracting digits 1-20**

#		#		#		#		#		#	
1	16 − 5	2	13 − 10	3	19 − 17	4	17 − 4	5	18 − 6	6	15 − 10
7	20 − 14	8	20 − 11	9	18 − 16	10	14 − 13	11	17 − 3	12	12 − 3
13	17 − 2	14	20 − 18	15	20 − 12	16	16 − 11	17	11 − 10	18	20 − 17
19	13 − 11	20	17 − 14	21	12 − 4	22	10 − 7	23	10 − 8	24	19 − 8
25	20 − 15	26	16 − 12	27	20 − 19	28	15 − 4	29	18 − 13	30	14 − 6
31	20 − 16	32	15 − 12	33	20 − 8	34	18 − 7	35	11 − 6	36	11 − 5
37	17 − 8	38	13 − 6	39	19 − 7	40	19 − 9	41	20 − 9	42	18 − 5
43	20 − 13	44	19 − 18	45	13 − 7	46	17 − 15	47	13 − 3	48	14 − 12

Test 73

Date: _____ Time: _____

Name: _____

Subtraction maze
Take the path where the answer is 12

23-11
17-5
15-5
19-7
20-8
25-19
31-19
28-16
18-5
36-24
40-28

Test 74

Date: _____ Time: _____ Score: _____ /48

Name: _____ **Subtracting digits 10-20**

#		#		#		#		#		#	
1	17 − 14	2	19 − 11	3	15 − 13	4	18 − 10	5	16 − 15	6	18 − 11
7	19 − 13	8	19 − 15	9	20 − 18	10	18 − 17	11	17 − 15	12	17 − 13
13	19 − 14	14	14 − 12	15	18 − 14	16	20 − 19	17	16 − 10	18	14 − 10
19	19 − 12	20	16 − 13	21	20 − 11	22	18 − 16	23	18 − 12	24	15 − 10
25	15 − 14	26	19 − 16	27	20 − 13	28	13 − 10	29	18 − 13	30	20 − 17
31	14 − 13	32	20 − 15	33	17 − 16	34	16 − 12	35	20 − 14	36	17 − 10
37	16 − 14	38	15 − 12	39	11 − 10	40	20 − 16	41	19 − 10	42	20 − 12
43	17 − 12	44	19 − 17	45	12 − 10	46	18 − 15	47	13 − 12	48	19 − 18

Test 75

Date: _____   **Time:** _____   **Score:** _____ /48

Name: _____   Subtracting digits 10-30

1. 15 − 13 =
2. 17 − 10 =
3. 25 − 20 =
4. 28 − 20 =
5. 29 − 27 =
6. 22 − 20 =
7. 28 − 24 =
8. 28 − 22 =
9. 30 − 28 =
10. 24 − 17 =
11. 23 − 13 =
12. 30 − 15 =
13. 20 − 19 =
14. 17 − 14 =
15. 24 − 13 =
16. 15 − 14 =
17. 27 − 21 =
18. 23 − 14 =
19. 12 − 11 =
20. 23 − 12 =
21. 18 − 13 =
22. 26 − 19 =
23. 23 − 15 =
24. 18 − 14 =
25. 13 − 10 =
26. 22 − 14 =
27. 19 − 11 =
28. 23 − 19 =
29. 21 − 11 =
30. 22 − 18 =
31. 20 − 12 =
32. 21 − 10 =
33. 21 − 16 =
34. 22 − 16 =
35. 19 − 15 =
36. 29 − 26 =
37. 30 − 24 =
38. 20 − 13 =
39. 30 − 29 =
40. 30 − 18 =
41. 14 − 12 =
42. 14 − 13 =
43. 21 − 15 =
44. 16 − 12 =
45. 24 − 14 =
46. 26 − 12 =
47. 16 − 11 =
48. 19 − 12 =

Test 76

Date: _____ Time: _____ Score: _____ /48

Name: _____ **Subtracting digits 10-30**

#		#		#		#		#		#	
1	12 − 10	2	14 − 11	3	24 − 12	4	25 − 14	5	22 − 12	6	23 − 10
7	28 − 12	8	19 − 14	9	23 − 11	10	15 − 12	11	15 − 10	12	27 − 12
13	28 − 14	14	29 − 10	15	18 − 10	16	18 − 12	17	16 − 10	18	27 − 11
19	20 − 11	20	27 − 10	21	26 − 14	22	20 − 10	23	19 − 13	24	17 − 13
25	26 − 11	26	29 − 11	27	13 − 12	28	25 − 13	29	21 − 13	30	30 − 14
31	21 − 12	32	30 − 12	33	17 − 11	34	20 − 14	35	16 − 14	36	30 − 13
37	16 − 13	38	24 − 11	39	18 − 11	40	29 − 13	41	21 − 14	42	17 − 12
43	15 − 11	44	28 − 13	45	29 − 12	46	22 − 11	47	30 − 11	48	22 − 13

Test 77

Date: _____ Time: _____ Score: _____ /48

Name: _____ Subtracting digits 15-30

#		#		#		#		#		#	
1	17 − 16	2	25 − 18	3	27 − 16	4	28 − 26	5	29 − 15	6	19 − 18
7	27 − 22	8	25 − 21	9	29 − 28	10	20 − 15	11	30 − 20	12	30 − 23
13	25 − 24	14	22 − 17	15	22 − 19	16	23 − 22	17	30 − 22	18	21 − 17
19	23 − 21	20	26 − 24	21	26 − 20	22	29 − 19	23	25 − 16	24	26 − 25
25	24 − 23	26	28 − 19	27	28 − 16	28	27 − 19	29	28 − 21	30	29 − 21
31	17 − 15	32	24 − 16	33	30 − 19	34	28 − 23	35	30 − 21	36	20 − 16
37	29 − 18	38	27 − 18	39	28 − 17	40	27 − 24	41	29 − 25	42	27 − 26
43	24 − 15	44	27 − 23	45	21 − 18	46	25 − 22	47	21 − 20	48	18 − 17

Test 78

Date: _____ Time: _____ Score: _____ /48

Name: _____ **Subtracting digits 15-30**

#		#		#		#		#		#	
1	19 −17	2	26 −15	3	29 −23	4	28 −25	5	18 −16	6	21 −19
7	24 −21	8	25 −23	9	30 −16	10	27 −25	11	26 −22	12	23 −20
13	25 −15	14	23 −16	15	20 −17	16	24 −18	17	29 −24	18	23 −17
19	28 −27	20	28 −18	21	25 −19	22	22 −15	23	24 −19	24	30 −26
25	30 −17	26	30 −27	27	20 −18	28	22 −21	29	19 −16	30	29 −17
31	24 −22	32	27 −20	33	25 −17	34	28 −15	35	27 −15	36	26 −16
37	29 −16	38	16 −15	39	29 −22	40	26 −17	41	26 −23	42	30 −25
43	27 −17	44	23 −18	45	18 −15	46	26 −18	47	24 −20	48	26 −21

Test 79

Date: _____ Time: _____ Score: _____ /48

Name: _____ **Subtracting digits 1-30**

1. 7 − 4 =
2. 11 − 1 =
3. 18 − 10 =
4. 9 − 7 =
5. 16 − 3 =
6. 15 − 5 =
7. 18 − 17 =
8. 19 − 14 =
9. 21 − 11 =
10. 9 − 8 =
11. 8 − 6 =
12. 24 − 3 =
13. 18 − 12 =
14. 18 − 5 =
15. 25 − 5 =
16. 17 − 6 =
17. 14 − 12 =
18. 17 − 10 =
19. 14 − 3 =
20. 9 − 5 =
21. 17 − 15 =
22. 27 − 17 =
23. 17 − 16 =
24. 19 − 9 =
25. 16 − 2 =
26. 25 − 4 =
27. 6 − 1 =
28. 28 − 11 =
29. 25 − 15 =
30. 14 − 4 =
31. 22 − 10 =
32. 13 − 11 =
33. 24 − 13 =
34. 17 − 14 =
35. 16 − 11 =
36. 6 − 5 =
37. 6 − 2 =
38. 29 − 18 =
39. 18 − 4 =
40. 18 − 16 =
41. 17 − 7 =
42. 9 − 2 =
43. 7 − 5 =
44. 19 − 13 =
45. 7 − 6 =
46. 13 − 10 =
47. 19 − 8 =
48. 12 − 11 =

Test 80

Date: _____ Time: _____ Score: _____/35

Name: _____

Subtraction chart

−	10	9	8	7	6	5	4	3	2	1
1	9		7			4		2		0
2	8			5			2			
3		6			3					
4		5		3			0			
5	5			2						
6		3			0					
7	3		1							
8		1	0							
9										
10										

Test 81

Date: _____ Time: _____ Score: _____ /48

Name: _____ Subtracting digits 10-30

#		#		#		#		#		#	
1	13 −12	2	15 −10	3	19 −16	4	18 −11	5	27 −13	6	26 −23
7	12 −10	8	25 −22	9	25 −14	10	26 −22	11	23 −12	12	27 −12
13	27 −14	14	23 −21	15	25 −23	16	16 −12	17	15 −13	18	22 −21
19	28 −22	20	21 −20	21	18 −14	22	29 −24	23	29 −22	24	28 −21
25	23 −13	26	23 −20	27	16 −10	28	25 −13	29	26 −24	30	24 −21
31	14 −13	32	29 −23	33	17 −12	34	29 −12	35	16 −13	36	27 −26
37	27 −25	38	18 −15	39	15 −14	40	17 −11	41	19 −18	42	28 −23
43	11 −10	44	14 −11	45	22 −20	46	29 −11	47	24 −22	48	19 −17

Test 82

Date: _____ Time: _____ Score: _____/48

Name: _____ Subtracting digits 1-30

#		#		#		#		#		#	
1	8 − 4	2	16 − 14	3	22 − 2	4	25 − 2	5	26 − 3	6	25 − 16
7	23 − 1	8	20 − 4	9	30 − 25	10	17 − 5	11	30 − 26	12	27 − 21
13	22 − 12	14	25 − 8	15	28 − 16	16	22 − 11	17	24 − 16	18	21 − 19
19	28 − 15	20	23 − 5	21	24 − 15	22	30 − 27	23	9 − 1	24	30 − 11
25	25 − 17	26	27 − 22	27	19 − 15	28	17 − 9	29	16 − 15	30	18 − 7
31	30 − 5	32	28 − 19	33	21 − 7	34	6 − 3	35	8 − 5	36	9 − 4
37	26 − 21	38	22 − 13	39	25 − 11	40	25 − 10	41	30 − 12	42	24 − 20
43	27 − 18	44	26 − 20	45	29 − 28	46	27 − 19	47	9 − 3	48	30 − 13

Test 83

Date: _____ Time: _____ Score: _____ /48

Name: _____ **Subtracting digits 1-30**

#		#		#		#		#		#	
1	6 − 4	2	13 − 4	3	24 − 1	4	19 − 11	5	12 − 2	6	30 − 18
7	28 − 13	8	20 − 13	9	19 − 1	10	22 − 18	11	14 − 9	12	18 − 13
13	28 − 12	14	20 − 12	15	22 − 1	16	23 − 15	17	30 − 17	18	12 − 3
19	8 − 1	20	22 − 17	21	5 − 4	22	26 − 5	23	22 − 16	24	27 − 11
25	30 − 19	26	8 − 7	27	13 − 1	28	11 − 9	29	20 − 2	30	26 − 2
31	9 − 6	32	23 − 22	33	14 − 8	34	19 − 4	35	29 − 19	36	24 − 10
37	13 − 5	38	19 − 10	39	15 − 7	40	26 − 18	41	7 − 2	42	27 − 10
43	20 − 11	44	26 − 15	45	19 − 2	46	26 − 14	47	23 − 16	48	4 − 3

Test 84

Date: _____ Time: _____ Score: _____/48

Name: _____ Subtracting digits 1-30

#		#		#		#		#		#	
1	12 − 1	2	13 − 3	3	16 − 7	4	23 − 3	5	25 − 24	6	30 − 23
7	28 − 18	8	19 − 7	9	26 − 13	10	30 − 10	11	21 − 14	12	17 − 4
13	30 − 8	14	24 − 2	15	30 − 6	16	27 − 15	17	26 − 17	18	30 − 20
19	27 − 8	20	20 − 18	21	15 − 4	22	11 − 5	23	29 − 17	24	14 − 6
25	21 − 13	26	12 − 8	27	30 − 22	28	17 − 3	29	20 − 3	30	24 − 9
31	29 − 21	32	30 − 21	33	21 − 15	34	22 − 6	35	19 − 6	36	30 − 24
37	29 − 20	38	18 − 2	39	21 − 12	40	20 − 19	41	18 − 1	42	26 − 12
43	27 − 9	44	25 − 1	45	27 − 16	46	30 − 7	47	29 − 16	48	23 − 17

Test 85

Date: _____   Time: _____   Score: _____ /48

Name: _____   **Subtracting digits 1-30**

1. 14 − 2	2. 26 − 6	3. 23 − 12	4. 27 − 20	5. 28 − 24	6. 11 − 7
7. 21 − 19	8. 19 − 5	9. 13 − 8	10. 25 − 9	11. 30 − 19	12. 19 − 17
13. 20 − 1	14. 22 − 8	15. 16 − 9	16. 24 − 23	17. 15 − 3	18. 24 − 4
19. 27 − 19	20. 13 − 7	21. 22 − 17	22. 28 − 20	23. 30 − 13	24. 25 − 3
25. 29 − 13	26. 30 − 11	27. 11 − 8	28. 16 − 5	29. 21 − 1	30. 20 − 7
31. 28 − 14	32. 25 − 12	33. 22 − 18	34. 23 − 16	35. 22 − 9	36. 21 − 5
37. 20 − 13	38. 18 − 8	39. 23 − 2	40. 28 − 17	41. 26 − 18	42. 24 − 15
43. 28 − 27	44. 26 − 4	45. 30 − 12	46. 21 − 6	47. 24 − 14	48. 14 − 1

Test 86

Date: _____ Time: _____ Score: _____ /48

Name: _____ **Subtracting digits 10-30**

#		#		#		#		#		#	
1	14 − 10	2	15 − 12	3	15 − 11	4	24 − 11	5	27 − 24	6	29 − 26
7	23 − 10	8	21 − 17	9	30 − 14	10	26 − 10	11	23 − 11	12	30 − 16
13	23 − 14	14	17 − 13	15	27 − 23	16	25 − 20	17	30 − 15	18	26 − 16
19	22 − 15	20	28 − 26	21	19 − 12	22	29 − 25	23	26 − 11	24	29 − 15
25	24 − 12	26	30 − 29	27	20 − 16	28	24 − 18	29	23 − 19	30	20 − 17
31	22 − 19	32	26 − 25	33	20 − 14	34	26 − 19	35	25 − 21	36	23 − 18
37	21 − 18	38	22 − 14	39	29 − 27	40	21 − 16	41	20 − 15	42	30 − 28
43	28 − 25	44	25 − 18	45	24 − 17	46	25 − 19	47	29 − 14	48	24 − 19

Cut from perforated lines

CERTIFICATE
OF ACHIEVEMENT

This certificate is presented to

_____

for being the master of subtraction.

_____ _____
Date   Signature

Cut from perforated lines

Test 87

Date: _____ **Time:** _____ **Score:** _____ /48

Name: _____

Adding & subtracting digits 1-20

#		#		#		#		#		#	
1	18 + 5	2	15 − 5	3	19 +17	4	20 +16	5	17 − 6	6	20 −19
7	18 − 9	8	13 + 6	9	19 −17	10	20 −16	11	19 +13	12	20 −10
13	16 +15	14	17 + 8	15	10 + 7	16	16 + 7	17	11 − 9	18	16 − 4
19	10 − 7	20	20 −11	21	17 −14	22	18 − 7	23	20 + 6	24	19 − 8
25	15 −11	26	11 +10	27	15 + 2	28	20 −15	29	12 + 7	30	17 +14
31	15 + 6	32	13 + 9	33	11 + 8	34	18 −13	35	14 − 3	36	12 − 6
37	12 −10	38	20 −13	39	14 +14	40	13 − 5	41	17 +17	42	19 + 4
43	16 −12	44	18 +18	45	12 +12	46	15 − 8	47	15 +13	48	13 +12

Test 88

Date: _____ Time: _____ Score: _____ /48

Name: _____

Adding & subtracting digits 1-20

1. 16 − 6	2. 11 + 5	3. 12 − 4	4. 12 + 6	5. 19 + 5	6. 13 − 10
7. 18 + 3	8. 15 + 14	9. 20 + 19	10. 20 − 18	11. 12 + 10	12. 18 − 16
13. 15 + 15	14. 14 + 9	15. 19 − 18	16. 19 − 13	17. 10 − 9	18. 15 − 12
19. 12 + 8	20. 14 + 4	21. 20 − 12	22. 14 + 13	23. 12 − 2	24. 16 + 14
25. 13 − 3	26. 17 + 12	27. 20 − 14	28. 16 + 2	29. 19 − 7	30. 16 + 4
31. 17 + 15	32. 18 + 16	33. 13 + 11	34. 10 + 4	35. 17 − 15	36. 17 + 7
37. 14 − 7	38. 20 + 8	39. 20 − 17	40. 16 − 14	41. 20 − 5	42. 18 + 13
43. 19 + 18	44. 18 − 5	45. 13 − 8	46. 11 − 6	47. 14 − 11	48. 15 − 4

Test 89

Date: _____ **Time:** _____ **Score:** _____ /48

Name: _____

Adding & subtracting digits 1-30

1. 15 +17
2. 16 +16
3. 24 − 6
4. 18 +12
5. 27 −15
6. 30 + 6
7. 17 +10
8. 18 − 6
9. 23 + 8
10. 21 −16
11. 14 + 1
12. 30 −10
13. 13 + 8
14. 26 −20
15. 15 + 4
16. 25 − 1
17. 20 +13
18. 13 + 3
19. 22 −19
20. 20 −13
21. 27 − 8
22. 19 − 4
23. 19 +11
24. 15 + 5
25. 22 − 3
26. 25 − 7
27. 23 −18
28. 28 −25
29. 21 +12
30. 21 +19
31. 17 − 7
32. 25 −16
33. 23 − 2
34. 30 − 5
35. 15 +14
36. 26 − 3
37. 12 + 9
38. 22 +15
39. 27 +15
40. 23 + 9
41. 26 −17
42. 23 − 4
43. 25 −15
44. 29 −21
45. 14 +11
46. 28 + 4
47. 10 + 5
48. 17 + 8

Test 90

Date: _____   Time: _____   Score: _____/48

Name: _____

Adding & subtracting digits 1-30

1. 18 +11	2. 21 -20	3. 14 + 4	4. 20 + 6	5. 24 -21	6. 21 - 7
7. 22 +17	8. 23 -11	9. 17 + 2	10. 23 - 8	11. 28 -19	12. 18 + 4
13. 24 - 1	14. 20 +18	15. 25 + 7	16. 25 -23	17. 18 - 5	18. 26 - 6
19. 24 -15	20. 23 +18	21. 18 +15	22. 24 +19	23. 27 -18	24. 23 +12
25. 17 +16	26. 26 + 8	27. 25 +16	28. 24 + 4	29. 24 +15	30. 19 -13
31. 25 -18	32. 23 -16	33. 16 + 9	34. 30 -24	35. 21 +15	36. 26 - 9
37. 17 - 3	38. 19 - 8	39. 26 -22	40. 20 - 5	41. 15 + 6	42. 23 + 2
43. 16 - 8	44. 25 - 4	45. 16 +14	46. 21 + 8	47. 18 + 7	48. 22 - 7

Test 91

Date: _____ Time: _____ Score: _____ /48

Name: _____

Adding & subtracting digits 1-30

#		#		#		#		#		#	
1	18 − 8	2	29 +14	3	30 +10	4	26 +14	5	27 −17	6	23 +18
7	23 − 6	8	14 + 7	9	30 + 4	10	29 −26	11	28 + 7	12	23 − 3
13	19 − 6	14	25 + 3	15	20 − 4	16	24 + 9	17	24 +21	18	20 −16
19	22 + 4	20	26 + 2	21	27 +27	22	29 + 2	23	30 −20	24	27 + 3
25	30 −27	26	26 − 7	27	25 − 2	28	26 −12	29	30 − 8	30	26 +13
31	28 −18	32	24 −17	33	21 − 5	34	25 +25	35	27 −19	36	30 +24
37	24 −13	38	25 − 8	39	23 + 6	40	30 + 8	41	21 −15	42	26 − 5
43	27 +20	44	23 + 7	45	29 +26	46	23 −14	47	28 +25	48	17 − 6

Test 92

Date: _____ Time: _____ Score: _____ /20

Name: _____

Fun addition and subtraction

Numbers	Add 4	Subtract 9	Add 15	Subtract 12
10	14	5		
14				
19				
22				
25				

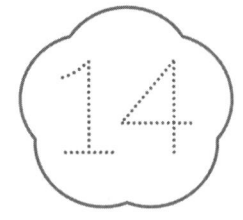

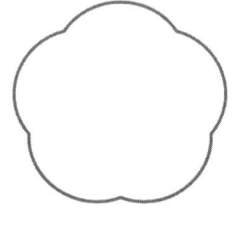

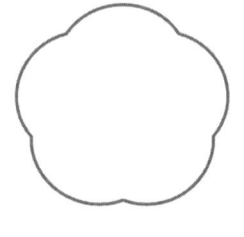

Test 93

Date: _____ Time: _____ Score: _____ /48

Name: _____

Adding & subtracting digits 1-50

#		#		#		#		#		#	
1	27 − 3	2	42 +39	3	43 + 9	4	15 + 4	5	41 −36	6	42 +12
7	32 − 5	8	38 −29	9	42 + 3	10	48 − 9	11	44 −28	12	35 − 7
13	25 + 6	14	23 + 6	15	32 −20	16	35 + 9	17	19 −16	18	39 +10
19	35 −13	20	38 +27	21	38 + 5	22	43 − 8	23	34 +20	24	23 − 2
25	28 + 4	26	35 − 3	27	34 + 5	28	21 −11	29	36 +17	30	23 +15
31	46 + 8	32	23 −15	33	25 +16	34	32 −14	35	29 +11	36	39 − 6
37	16 +11	38	40 +19	39	46 −33	40	47 − 7	41	25 −16	42	42 − 1
43	27 − 9	44	45 + 4	45	47 +27	46	26 − 7	47	26 + 2	48	44 −21

Test 94

Date: _____ Time: _____ Score: _____ /48

Name: _____

Adding & subtracting digits 1-50

#		#		#		#		#		#	
1	28 − 2	2	36 + 3	3	48 + 2	4	25 − 8	5	12 + 5	6	46 +22
7	48 −23	8	23 +19	9	38 − 9	10	23 − 5	11	43 + 4	12	39 + 3
13	41 − 5	14	25 +13	15	29 +10	16	35 −18	17	32 +28	18	22 + 5
19	24 − 1	20	24 −15	21	45 − 7	22	36 − 3	23	38 −14	24	33 − 6
25	49 −25	26	48 +30	27	44 − 3	28	28 −12	29	27 + 5	30	37 −26
31	46 − 6	32	33 −27	33	38 +31	34	31 + 7	35	35 +16	36	19 +15
37	44 + 6	38	32 +21	39	25 −13	40	48 +15	41	45 + 1	42	26 −19
43	46 −28	44	26 + 8	45	36 + 7	46	42 −39	47	38 − 4	48	43 +18

Test 95

Date: _____ Time: _____ Score: _____ /48

Name: _____

Adding & subtracting digits 1-50

1. 47 − 15 =
2. 32 + 9 =
3. 22 + 12 =
4. 32 + 7 =
5. 46 + 5 =
6. 25 + 4 =
7. 35 + 8 =
8. 34 − 6 =
9. 45 − 17 =
10. 49 + 32 =
11. 20 − 11 =
12. 42 − 20 =
13. 45 − 2 =
14. 35 + 1 =
15. 27 − 13 =
16. 41 − 5 =
17. 21 + 6 =
18. 41 + 8 =
19. 33 − 10 =
20. 25 − 5 =
21. 39 − 4 =
22. 37 − 18 =
23. 31 + 29 =
24. 49 − 9 =
25. 24 − 11 =
26. 43 + 25 =
27. 40 − 16 =
28. 23 + 7 =
29. 33 + 19 =
30. 36 − 7 =
31. 48 − 2 =
32. 22 + 9 =
33. 21 − 4 =
34. 47 + 40 =
35. 45 + 35 =
36. 34 − 3 =
37. 34 − 28 =
38. 24 + 17 =
39. 20 − 5 =
40. 35 + 24 =
41. 26 − 2 =
42. 47 + 6 =
43. 26 + 21 =
44. 33 + 25 =
45. 27 − 19 =
46. 27 + 20 =
47. 44 + 2 =
48. 36 − 22 =

Test 96

Date: _____   **Time:** _____   **Score:** _____ /48

Name: _____

Adding & subtracting digits 1-50

1. 18 +11	2. 31 − 3	3. 18 + 6	4. 49 +30	5. 34 −32	6. 41 + 9
7. 36 −19	8. 22 −10	9. 46 + 2	10. 13 + 7	11. 49 + 3	12. 33 − 3
13. 42 + 5	14. 28 −19	15. 26 −14	16. 40 − 4	17. 33 + 3	18. 25 + 8
19. 45 −32	20. 32 +28	21. 43 −22	22. 41 +28	23. 38 + 6	24. 21 +19
25. 30 − 5	26. 47 −18	27. 30 −16	28. 26 −18	29. 24 − 7	30. 37 +32
31. 26 + 1	32. 34 + 4	33. 44 +37	34. 37 − 5	35. 24 +14	36. 49 − 6
37. 29 − 2	38. 26 +25	39. 28 − 9	40. 43 −26	41. 39 −29	42. 24 + 2
43. 34 +18	44. 19 − 7	45. 43 − 3	46. 30 +29	47. 49 +21	48. 42 − 6

Test 97

Date: _____ **Time:** _____ **Score:** _____ /48

Name: _____

Adding & subtracting digits 1-99

1. 74 − 7	2. 53 +26	3. 48 + 1	4. 77 +29	5. 54 + 3	6. 86 − 3
7. 69 −36	8. 45 +27	9. 41 +27	10. 39 + 3	11. 46 −15	12. 62 − 1
13. 47 + 5	14. 49 − 6	15. 57 −25	16. 82 −35	17. 79 + 7	18. 60 +39
19. 66 − 8	20. 85 −15	21. 84 +36	22. 73 − 1	23. 32 + 5	24. 72 + 4
25. 77 −44	26. 58 −29	27. 81 +17	28. 90 −23	29. 38 −12	30. 68 + 5
31. 98 +45	32. 75 +23	33. 65 +56	34. 75 −49	35. 34 +13	36. 58 + 7
37. 87 − 9	38. 55 − 3	39. 66 + 2	40. 65 −38	41. 36 − 9	42. 85 + 8
43. 80 + 6	44. 45 − 6	45. 47 −18	46. 54 − 8	47. 57 +19	48. 32 − 2

Test 98

Date: _____ Time: _____ Score: _____ /48

Name: _____

Adding & subtracting digits 1-99

1. 86 +51	2. 42 +37	3. 56 − 3	4. 73 +42	5. 83 + 5	6. 56 + 6
7. 63 −40	8. 42 − 2	9. 67 − 2	10. 67 + 8	11. 52 +16	12. 74 + 4
13. 49 −17	14. 48 +25	15. 87 +54	16. 54 +18	17. 97 +25	18. 66 +36
19. 47 − 8	20. 55 −32	21. 49 + 4	22. 78 − 5	23. 72 −45	24. 33 − 7
25. 76 + 7	26. 84 − 1	27. 54 −18	28. 73 − 5	29. 36 +23	30. 61 −17
31. 65 − 6	32. 55 + 2	33. 63 + 6	34. 35 − 1	35. 58 − 9	36. 86 −29
37. 61 +15	38. 43 −25	39. 35 + 3	40. 94 + 8	41. 76 −31	42. 88 + 3
43. 95 −37	44. 72 +29	45. 82 − 7	46. 87 −53	47. 46 + 1	48. 94 −53

Test 99

Date: _____   Time: _____   Score: _____ /48

Name: _____

Adding & subtracting digits 1-99

1. 57 − 2	2. 44 + 8	3. 45 − 14	4. 62 + 35	5. 43 − 27	6. 59 + 2
7. 61 − 5	8. 38 + 1	9. 85 − 2	10. 45 + 3	11. 91 − 45	12. 87 + 8
13. 51 + 45	14. 84 − 27	15. 70 + 26	16. 78 + 5	17. 70 − 3	18. 55 − 29
19. 95 + 55	20. 74 + 17	21. 83 − 5	22. 58 − 25	23. 46 + 37	24. 83 + 47
25. 44 − 6	26. 82 + 13	27. 72 − 36	28. 43 + 25	29. 95 − 3	30. 84 − 3
31. 55 + 28	32. 77 − 1	33. 94 − 8	34. 97 − 32	35. 37 + 11	36. 65 − 31
37. 53 − 8	38. 88 − 44	39. 77 − 4	40. 46 − 5	41. 76 − 40	42. 64 + 6
43. 63 + 29	44. 63 − 44	45. 68 − 4	46. 96 + 9	47. 65 − 2	48. 54 − 2

Test 100

Date: _____ Time: _____ Score: _____/48

Name: _____

Adding & subtracting digits 1-99

#		#		#		#		#		#	
1	48 −37	2	26 +41	3	48 −22	4	36 +36	5	79 +35	6	84 −49
7	66 −55	8	71 −62	9	59 −28	10	71 −66	11	22 +87	12	70 −44
13	54 +95	14	92 +97	15	45 +65	16	98 +27	17	75 −43	18	49 −29
19	57 +42	20	85 −16	21	80 −20	22	88 −49	23	36 +75	24	92 −11
25	63 −43	26	31 −28	27	52 +88	28	25 −25	29	63 +94	30	42 −17
31	17 +54	32	32 +55	33	89 +98	34	60 +60	35	89 +44	36	67 −31
37	19 +99	38	68 +70	39	35 +72	40	77 +88	41	33 −21	42	61 +53
43	57 +29	44	76 +36	45	38 −27	46	86 −27	47	96 −87	48	78 −46

Answer key (Test 93 to Test 100)

Test 93

1	24	2	81	3	52	4	19	5	5	6	54	7	27
8	9	9	45	10	39	11	16	12	28	13	31	14	29
15	12	16	44	17	3	18	49	19	22	20	65	21	43
22	35	23	54	24	21	25	32	26	32	27	39	28	10	29	53	30	38
31	54	32	8	33	41	34	18	35	40	36	33	37	27	38	59	39	13
40	40	41	9	42	41	43	18	44	49	45	74	46	19	47	28	48	23

Test 94

1	26	2	39	3	50	4	17	5	17	6	68	7	25
8	42	9	29	10	18	11	47	12	42	13	36	14	38
15	39	16	17	17	60	18	27	19	23	20	9	21	38
22	33	23	24	24	27	25	24	26	78	27	41	28	16	29	32	30	11
31	40	32	6	33	69	34	38	35	51	36	34	37	50	38	53	39	12
40	63	41	46	42	7	43	18	44	34	45	43	46	3	47	34	48	61

Test 95

1	32	2	41	3	34	4	39	5	51	6	29	7	43
8	28	9	28	10	81	11	9	12	22	13	43	14	36
15	14	16	36	17	27	18	49	19	23	20	20	21	35
22	19	23	60	24	40	25	13	26	68	27	24	28	30	29	52	30	29
31	46	32	31	33	17	34	87	35	80	36	31	37	6	38	41	39	15
40	59	41	24	42	53	43	47	44	58	45	8	46	47	47	46	48	14

Test 96

1	29	2	28	3	24	4	79	5	2	6	50	7	17
8	12	9	48	10	20	11	52	12	30	13	47	14	9
15	12	16	36	17	36	18	33	19	13	20	60	21	21
22	69	23	44	24	40	25	25	26	29	27	14	28	8	29	17	30	69
31	27	32	38	33	81	34	32	35	38	36	43	37	27	38	51	39	19
40	17	41	10	42	26	43	52	44	12	45	40	46	59	47	70	48	36

Test 97

1) 67　2) 79　3) 49　4) 106　5) 57　6) 83　7) 33
8) 72　9) 68　10) 42　11) 31　12) 61　13) 52　14) 43
15) 32　16) 47　17) 86　18) 99　19) 58　20) 70　21) 120
22) 72　23) 37　24) 76　25) 33　26) 29　27) 98　28) 67　29) 26　30) 73
31) 143　32) 98　33) 121　34) 26　35) 47　36) 65　37) 78　38) 52　39) 68
40) 27　41) 27　42) 93　43) 86　44) 39　45) 29　46) 46　47) 76　48) 30

Test 98

1) 137　2) 79　3) 53　4) 115　5) 88　6) 62　7) 23
8) 40　9) 65　10) 75　11) 68　12) 78　13) 32　14) 73
15) 141　16) 72　17) 122　18) 102　19) 39　20) 23　21) 53
22) 73　23) 27　24) 26　25) 83　26) 83　27) 36　28) 68　29) 59　30) 44
31) 59　32) 57　33) 69　34) 34　35) 49　36) 57　37) 76　38) 18　39) 38
40) 102　41) 45　42) 91　43) 58　44) 101　45) 75　46) 34　47) 47　48) 41

Test 99

1) 55　2) 52　3) 31　4) 97　5) 16　6) 61　7) 56
8) 39　9) 83　10) 48　11) 46　12) 95　13) 96　14) 57
15) 96　16) 83　17) 67　18) 26　19) 150　20) 91　21) 78
22) 33　23) 83　24) 130　25) 38　26) 95　27) 36　28) 68　29) 92　30) 81
31) 83　32) 76　33) 86　34) 65　35) 48　36) 34　37) 45　38) 44　39) 73
40) 41　41) 36　42) 70　43) 92　44) 19　45) 64　46) 105　47) 63　48) 52

Test 100

1) 11　2) 67　3) 26　4) 72　5) 114　6) 35　7) 11
8) 9　9) 31　10) 5　11) 109　12) 26　13) 149　14) 189
15) 110　16) 125　17) 32　18) 20　19) 99　20) 69　21) 60
22) 39　23) 111　24) 81　25) 20　26) 3　27) 140　28) 0　29) 157　30) 25
31) 71　32) 87　33) 187　34) 120　35) 133　36) 36　37) 118　38) 138　39) 107
40) 165　41) 12　42) 114　43) 86　44) 112　45) 11　46) 59　47) 9　48) 32